顶级销售法则

销售就是玩转情商

孙惟微 著

中国华侨出版社

·北京·

图书在版编目（CIP）数据

顶级销售法则：销售就是玩转情商 / 孙惟微著 . --
北京：中国华侨出版社 , 2021.5（2022.3 重印）
ISBN 978-7-5113-8444-7

Ⅰ .①顶… Ⅱ .①孙… Ⅲ .①销售－商业心理学
Ⅳ .① F713.55

中国版本图书馆 CIP 数据核字（2020）第 228974 号

顶级销售法则：销售就是玩转情商

著　　者：孙惟微
责任编辑：黄　威
封面设计：冬　凡
文字编辑：张玮琦
美术编辑：李丝雨
经　　销：新华书店
开　　本：880mm×1230mm　1/32　印张：7　字数：126 千字
印　　刷：三河市华成印务有限公司
版　　次：2021 年 5 月第 1 版　2022 年 3 月第 2 次印刷
书　　号：ISBN 978-7-5113-8444-7
定　　价：38.00 元

中国华侨出版社　北京市朝阳区西坝河东里 77 号楼底商 5 号　邮编：100028
发 行 部：（010）88893001　　传　真：（010）62707370
网　　址：www.oveaschin.com　E－m a i l：oveaschin@sina.com

如果发现印装质量问题，影响阅读，请与印刷厂联系调换。

那些顶尖销售"打死也不说"的秘密

（代序）

销售是一种思想，顶尖销售都是一些思想家。

——戴夫·多索尔森

美国有一位名叫西西莉·沙特怀的鞋店销售员，她的店里总有一群老顾客等着由她帮忙做决定购买鞋子。沙特怀的这帮忠实"粉丝"帮她创造了令人惊叹的销售额，以66岁高龄被称为"世界上最伟大的女销售员"。

美国还有一位名叫莫妮卡的女装销售员，她的"粉丝"顾客除了去她那儿之外，不会想去任何其他地方买衣服。有些粉丝，宁愿把别家店的礼券退掉换成现金，也要去莫妮卡的店里买衣服。

顶尖销售都是"自带流量"的。每个顶级销售员都有自己的一套"独门心法"。这些方法是自己摸索出来，并借以安身立命、建立江湖地位的利器。所以，这种"心法"绝不会轻易告诉同行。

一般情况下，这些方法都是被他们的老板观察、归纳出来，然后作为内部培训教材梳理出来的。我有幸遇见一些真正的顶尖销售员，他们向我这个外行透露了不少这方面的知识。

顶尖销售 vs 普通销售

销售是一种最赚钱又最不赚钱的工作。这是因为，销售业绩的分布，存在着极端的不平衡。

某奢侈品专卖店，有一位新来的销售员，他的业绩比有经验的老销售员还要高出一倍。

某精油品牌专卖店，有一位女性销售顾问，她一个人的销售额通常是其他同事的三倍以上。

某广播电台有一位广告业务员，说话结巴，有严重的口吃障碍，但他的销售额，占了整个广告部的70%。

某电力设备公司，招了一位身无分文的业务代表，一年后这位业务代表撑起了公司60%的业务量。公司为了挽留他，请他加入了董事会，并给了他20%股份。

诸如此类的案例，不胜枚举。

这些传奇销售员的故事，并非虚构，有些人我还特意拜访并和他们深聊过。

事实上，还有一些顶尖销售的业绩更是惊人，他们一个人的销售业绩，甚至抵得上一个大区的销售总业绩。比如大家熟悉的董明珠，在她刚进格力时，一个人的销售业绩占了公司的 1/8。

在这本书里，我们把那些做得好的销售员称为"顶尖销售"，把做得不够好的销售员称为"普通销售"。通过两者的对比，我们就可以明显感受到销售技巧确实存在高下之分。这些顶尖销售，有什么不同于普通销售的销售技能呢？

销售不仅是勤奋的比拼，更是思想的对决

销售是一种流失率很高的职业。

美国的一项调查显示，仅仅是卖场内的销售人员，在 90天内的离职率就高达 50%。

一种常见的销售思想认为，只要销售员多动嘴、勤跑腿、多揽客，自然就能把钱从客户的腰包中掏出来。这种思路当然会有一定的效果，这就和群发短信一样，只是一个"命中率"的游戏。不少销售培训师按照这种逻辑训练销售团队。

但是，这种销售方法，常常会给销售员带来挫败感，以及对自身能力的怀疑。

销售确实需要勤奋、努力，但这绝非销售成功的核心要素。

于是，不恰当的方法使得销售越来越工具化。销售员普

遍感觉任务太重、客户难缠、销售难做。销售团队业绩提升的代价是"一将功成万骨枯"。努力后仍不见起色的无力感，成为一种恶性循环，很多人干脆退出了销售行业。

销售确实是一种需要悟性的工作，靠蛮干是成不了顶尖销售的。平庸销售与顶尖销售的差距就在于方法的不同。

"销售洗脑"，不是给别人洗脑，而是销售人员观念的自我迭代更新，在不断的实践中，在理念的总结与更新中，把握销售的真谛。

会做人，就会做销售

在这个星球上，只有人类才可以做销售。

你见过两条狗交换骨头或者两只猩猩交换香蕉吗？从进化心理学的角度来看，销售其实是人类所独有的一种社会化行为。

如果把销售简单地理解为"取出货，装入袋，收下钱，再例行公事地表示感谢，然后接待下一位顾客"，那么，机器人就可以胜任这份工作，甚至它还可能完成得更好。你可以为它编一个程序，让它在成交后向客人90°鞠躬，并说声"欢迎再次光临"。

事实上，销售是一种人与人建立联结的艺术。这种人与人、面对面，带有温度的，真实的接触、交流，是再先进的技术也无法取代的。不论技术如何进步，充满人性温暖的销售工作是永远无法取代的。

从这个角度讲，只要是"人"就能做销售。只要理解了销售的本质，就能根据自身特点，建立一种适合于自己的销售风格。

比如，那位电台广告销售员虽然"大舌头"，他却自有一套打开别人心门的诀窍。那位奢侈品销售员善于告诉客户一些有"含金量"的消息，顾客听到这些消息后，就会把他视为"自己人"。而那位卖精油的销售顾问，则能通过赠送顾客几滴精油的方式，快速了解顾客的需求。那位卖电力设备的业务代表，则是把自我管理做到极致，在北京这样的城市，他可以做到每天拜访四名客户。

顶尖销售，并不一定非得性格外向、舌灿莲花，正确的工作方法、严谨的工作态度才是成功销售的前提。广义地讲，这个世界上所有成功都离不开销售的哲学。比如，应聘一份工作，提交一份提案，结识一位贵人。

如果我们能像心理师一样，洞察客户的需求，甚至能像庖丁解牛一样，"以无厚入有间"，游刃有余地进行销售，那么，每个人都具有成为顶尖销售员的机会。

既要有"狙击手直觉"，也要有"农夫耐力"

顶尖销售都是把客户当朋友的人。他们心中有一个信念：顾客就是我的朋友。而我，一名财经作家，与顶尖销售的沟通都是非常愉快的。

每遇到一个成功的销售员，我都会向他请教他的成功秘诀。他们的回答非常坦诚，不乏真知灼见。然而，大多数"实战派"都有一个共同的特点，不善于做更深层次的理论梳理。

其实，行为经济学等领域的学者，早已向我们揭示了人类销售与购买行为的秘密。这些"学院派"的学者，是靠"销售"自己的理念，占领"理论市场"的人。

我想，如果能结合实战派与学院派的观点，我们就可以对成功销售的法则，"知其然又知其所以然"。当我们理解了销售的黄金法则，就能用理性指导我们的行为，事半功倍地发挥我们的销售力。

顶尖销售都明白，知易行难。即便我把这些法则归纳成文，供所有人研习参考，最终修行还是靠自己。

销售不仅是一种心理战，还是一种持久战。顶尖销售不仅有一种"狙击手直觉"，还有一种"农夫的耐力"。顶尖销售不仅能融会贯通销售中的心理学，还有一种"择善固执"的精神，用这些原则指导自己的行为。顶尖销售往往都有一颗好胜之心，把提升自己的技能视为一种游戏，在挑战中不断优化技能，让自己的销售艺术炉火纯青，臻于化境。

目 录

第 1 章 破冰法则

第 2 章 启动法则

4

第 1 章 破冰法则

——销售是一种温暖的社交行为

也许你的产品真的好，但别的东西也会影响销路，譬如认同感、尊敬、信任、关怀、服务、觉得受重视、友谊、协助等，这些都是更重要的东西。

——哈维·麦凯

不管你多么讨厌将社交和买卖关联起来，你都必须承认，我们更偏爱和朋友做买卖，而不是和销售员做买卖。人类最古老的买卖行为，都是在朋友之间进行的，销售的本质就是一种温暖的社交行为。关于销售"破冰"的理论非常多，但大多泛泛而谈，我们先从切实可行地说起。

提供有含金量的谈资

多年前，有一家精品店老板发现，店里一位新来的销售员业绩特别突出，比店里几位经验丰富的老销售的业绩都要高出一倍还多。

老板思忖，会不会因为他是新手所以运气比较好？

可是，几个月过去了，这位新来的销售员的业绩依然非常好。这就引起了老板的极大兴趣，开始研究为什么他的业绩这么好。于是，老板开始频频请他吃饭，希望能问出点什么来。

这位顶尖销售所分享的，无非是一些众所周知的方法。几个月下来，老板也没能从这位顶尖销售嘴里套出什么"秘诀"。

于是，老板就暗自观察这位顶尖销售平时做了什么。

老板发现，这位顶尖销售一直在持续不断地做着同一件事：无论顾客买或不买，他都与顾客分享他所知道的本市最新发生的事情！比如说，哪里开了一家不错的新餐馆，某某公园正在举办一个有趣的游园活动，某某展览馆正在举办一个主题展览等。

老板请教他为什么要这么做，这位顶尖销售解释道："与顾客聊天的秘诀在于言之有物。无论外地客人，还是本市客人，如果你能成为顾客有价值的消息的来源，那么多数情况下，你就能和他建立一对一的私人关系。"

之所以选择本市话题，是因为这个话题并不是漫无边际，是与对方有必然的关联性。选择最新发生的事情，则保证了话题的可参与度。这种貌似闲聊的谈资，能迅速破冰，与顾客建立联结。

所以，就算顾客在与他第一次见面时没买什么东西，通常也会在后来再次看望他时买些东西。

所有的销售内训教材，都会告诉你要懂得和客户闲谈，却没有更具体的指导意见。事实上，对于不熟悉的客人，不妨多一些言之有物的建议、资讯，往往能快速获得客户的信任感。对于熟客，则可以谈谈共同的朋友或都认识的人，也可以谈谈你们共同感兴趣的话题，比如工作、爱好等。

做销售，切忌上来就推销东西。与顾客闲谈，是一个必要的过渡仪式。

顶尖销售都会准备一套打破人际坚冰的"谈资"。女性之间更善于通过这种谈资破冰，她们往往能从孩子、老公、化妆中找到共同话题，慢慢聊得热火朝天。但是，销售员与客人聊天的时间是非常有限的，所以忌讳东拉西扯。

"谈资"这个词，和"新消费"时代的"社交货币"有相通之妙，它们都认为闲谈是有价值的。所以，那些欲从事"新零售"的企业，就不要在"内容营销"时仍发一些毫无新意的"陈年老鸡汤"。

这个世界遵循互惠原则。在没有成交之前，顶尖销售都会首先问自己：我凭什么值得别人帮助？顾客为什么照顾我的生意？在有限的时间内，奉送给顾客新鲜、有益、有趣、有含金量的信息，往往能给客户带来"获得感"，客户出于互惠心理，会把你视为朋友。

用一份薄礼作为破冰锤

很多人口才并不出众，依然能成为顶尖销售。有些顶尖销售甚至会在身上随时备一些小礼品。礼物不分贵贱，传达的都是一份心意。正所谓"有礼走遍天下"，一份薄礼往往就能实现人际破冰，建立联结。

阿芙精油的销量已经成为全网第一，其创始人孟醒先生，江湖人称"老雕"，已经成为当之无愧的"精油大王"。我在策划他的《MBA教不了的创富课》一书时，发现阿芙精油销量的腾飞，起源于一位顶尖销售的方法。

彼时，阿芙精油还没开通网购业务，已经有了百余家商场专柜，但与同行相比，销量总是位居中游。于是，孟醒每天跑去商场，观察有哪些机会可以带来启发。

化妆品的专柜，只有两种情况：一种是少数国际大牌，每年广告费无数，化妆品销售顾问一脸高冷即可，顾客来了都是"点单式销售"；另一种是绝大部分国内品牌，都要通过揽客的形式做邀请顾客进柜的动作，然后才能进行销售转化——逛过商场的女性都知道，这种方式令人反感，可对于品牌方来讲，这应该是比较直接有效的方式。

孟醒发现，当时有个阿芙精油的销售员很神奇，她一个人的销售额大约是别人的三倍以上。孟醒就专程跑去观察，发现秘密在于，她从批发市场搞来一种小指头盖大小的玻璃瓶，瓶子上还有彩陶贴片很漂亮。她免费送给路过的潜在顾客，但这一个小空瓶有啥用呢？顾客主动就会询问。她回答说，我可以送给你几滴精油啊，不过，你要哪款呢？我们这里很多款啊，你说说你有哪方面的需求？如果睡眠不好，我就送你薰衣草精油，长痘了就送你茶树精油，想心情舒畅我就送你甜橙精油，希望瞬间拥有幸福的感受我送你最珍贵的玫瑰精油好了……

一来二去，顾客的需求聊明白了，送的那几滴可满足不了顾客的大量需求，破冰成功后，销售自然顺利成交。

孟醒惊呼，这就是我需要的"开鱼刀"啊！他立刻组织团队，把这套方法梳理、细化、培训复制出去，仅仅第二个月，销售额就大涨 50% 以上！

送给顾客一份"小"礼物，要小到不让他们有心理负担，不担心接受了礼物就必须购买产品。这是人际破冰，建立联结的一个简易方法。通过这个小礼品，可以找出他们对你的产品或服务的看法。

日本销售明星柴田和子认为，礼品不在大小贵贱，但心意一定要诚，重在让客户明白你心中有他。

比如，她会向每一位上门的客户送上一个心形的气球，同时送上的还有一句"我喜欢你"；如果客户有孩子，她都会蹲下来跟孩子说话、游戏，并掏出一把棒棒糖；当得知客户或者他的家人生病住院时，她通常会送去一盆绿色的盆栽植物或者寄一张祝福的明信片。

柴田和子送得更多的是寿司。比如拜访一些公司，她常常会顺便带上几盒寿司，一进去便说："大家辛苦了。因为一年只来这么一趟，所以我特地买了这些寿司来，这可不是钱的问题，而是一路捧来的心意，各位了解我的心意吧！看在我这寿司的份儿上，还有我远道而来的这份情面上，今天不能让我空手而归吧？"

送礼物的目的都是在向客户表明他在你心中很重要。在销售活动中，一份礼物送得恰到好处，可以拉近关系，增进感情，令工作事半功倍。

发现与客户的共同点

诗人但丁曾言：许多人正是喜欢说"我们"，所以才受益良多。

人们更喜欢从朋友而不是销售员那里买东西。如果两个人能够侃侃而谈，聊得投机，自然成交的可能性就会大增。

一次，我应约到某公司总经理办公室，商谈一项合作。初次见面，在寒暄之后就开始了闲聊。我看到客户书架上有很多种关于《老子》的书籍，于是，在闲谈中透露自己对《道德经》也有所研究。这位老总一听就来了兴致，说他也喜欢老子。于是，我们就从老子谈到了合作项目，在神侃中忘了时间，晚上还一起吃了饭，从此建立了长期的合作关系。

销售就是建立联结，建立人脉。"共同点"是我们与客户的交集部分，也是快速拉近距离，实现破冰的突破口。比如，很多人会在闲谈中询问籍贯，如果是乡党，那么距离很快就会拉近。如果故乡是相邻省份，那也是"半个老乡"。

有了共同点，自然就有了话题，随着与客户谈话兴趣点的深入，客户的真实需求也就会渐渐浮现，这是销售的一条捷径。

通过对顾客的观察，寻找顾客可能喜欢的话题进行切入，可以实现"破冰"。著名销售员原一平在与准客户谈话时，会不断试探与客户有哪些共同话题。他的话题就像旋转的转盘一样，转个不停，直到准客户对该话题发生兴趣为止。

举例来说，在与准客户见面后，先谈时事的问题；没反应，立刻换嗜好问题，如果他有兴趣，从眼神中可以看出；再没反应，又换股票问题，如此更换不已。

原一平曾与一位对股票很有兴趣的准客户谈到股市的近况。出乎意料，他反应冷淡，莫非他自己把股票卖掉了吗？原一平接着谈到未来的热门股，他眼睛发亮了。原来他卖掉股票是为了添购新屋，结果他对房地产的近况谈得很起劲。

最后原一平知道他正待机而动，准备在恰当的时机，卖掉房子，再买未来热门股。原一平就是用这种不断更换话题的"转盘话术"，来实现与准客户的"破冰"。

"耳才"比口才更重要

普通销售员往往把重点放在自己想向顾客传达的信息上，而把顾客想获取的信息放在了次要位置。如果只知道充分运用自身的知识，以丰富的词汇和优秀的提案能力进行单方面的"营销说辞"，则会忽视最为关键的因素——顾客的想法。

你要设法让顾客打开话匣子。

作为一名销售员，在"能说会道"之前，必须先培养"善于聆听"的能力。暂且先把"营销说辞"放在一边，首先倾听顾客的言语，并且从中提炼出顾客的需求。

所以，让顾客开口比进行对话重要得多。

顾客和你说得越多，就越觉得你是一个人，而不是一个纯粹的销售机器，那种别人推销给我的戒备心理就会慢慢放下。

不妨回忆一下你参加的那些聚会，那些与你初次见面的人。那些你新认识的人里，你最喜欢的人里面，是那些问你问题最多的人，还是那些看起来非常在意你说什么的人？

其实，顾客的心理与你并无二致。你到底是用"话术"敷衍顾客，还是真诚地与顾客交流，顾客的直觉会非常敏感地感受到。当顾客觉得那个听他说话的人是真的对我说的内容感兴趣时，他会觉得更加舒服。

不要一开始就试图说服顾客买这买那，而是要让顾客说出自己的想法。

　　一位名人说："学会了如何倾听，你甚至能从谈吐笨拙的人那里得到收益。"

　　良好的谈吐有一半要依赖倾听——不仅是用耳朵，还包括所有感官；不仅是用大脑，还要运用你的心灵。

　　倾听往往和说话同等重要，当谈吐乏味沉闷的时候，你常常会精力分散，漏掉关键的字句，以致误会对方的意思，甚至主观地判断对方的观点，而全然不管那个观点可能根本不是那么回事。

　　顾客说的话中，包含着许许多多的需求及词汇。这就需要一种"杀手直觉"捕捉其中的关键词，精准地把握顾客的动机与需求。

　　一位西方哲人说过："上帝给我们两只耳朵，却给我们一张嘴巴，意思是要我们多用耳朵听，少用嘴巴说，不逾越此原则，才不致违背上帝的旨意。"

　　所以，销售员把对话的主导权交给顾客，从而让顾客能够舒心地与销售员进行对话，就能使得顾客与销售员之间的沟通变得愉悦和通畅。只有当顾客感到放松的时候，才能自然而然地向销售员吐露心声。

人类有一种"联结"的本能

　　心理学家发现，孤独会让人焦虑，甚至会产生被迫害妄想。所以，监狱里最严厉的惩罚，是把犯人单独囚禁在一个小黑屋，不能和任何人说话交流。

当一个人不能与身边人关系融洽，建立联结，为了舒缓压力，这个人就会寻求与物质的联结。

键合是一个化学术语，指的是相邻的两个或多个原子间的相互作用，这里比喻人与人的联结。人是一种社会动物，是社会中的一个"分子"。人最基本的需求是联结彼此。这就像分子之间能够通过分子键进行键合一样。

网购已经非常发达，甚至可以足不出户买到更便宜的商品了，为什么仍然有人热衷于逛街？一些超市里会安放自助收银设备，为什么很多顾客仍偏爱去人工收银台？

因为人有一种本能，就是希望通过买东西来实现社交的键合。哪怕这种意义上的社交只是简单的问答，也能让人感受到存活于人世的温暖。

销售，是人类独有的一种社会化行为。

交换行为是"人类独有"的，你可曾见过两条聪明的狗谨慎地交换骨头？

人类最初的交换形式是以物易物，可以说，销售和购买是"一枚硬币的两面"。人们只和朋友做互惠式交换，所以人们常说：先做朋友，再做生意。

人际破冰：销售也需要仪式感

人们在提到仪式时，可能会想到奇怪的部落仪式。在现实中，许多当代消费者的活动也是仪式性的。

一些仪式象征着从一个状态到另一个状态的过渡。当然，销售的破冰仪式也是这样，正如两个单身的人结婚后就会变成一个整体。仪式脚本的许多部分都具有很重要的意义，即使今天大多数人已不记得原来的象征意义。

比如送交新娘这个仪式，起源于在很久以前，父亲常常会用女儿作为货币偿还债务，或者抚慰更强大部落的成员。新娘会戴着面纱，这样的话就算她的样子不是付款人所想要的，付款人也不会拒绝。再如伴郎这个仪式，他本来的工作是站在夫妇的旁边，以确保新娘不会在仪式上被绑架。同样，伴娘被要求穿上类似新娘的服装来混淆潜在的绑架者。这种习俗不知是如何逐渐演变成使新娘看起来更好的礼服设计竞赛！

销售是一种"社会化"行为，人际破冰是其中的重要仪式。人们最初是用贝壳作为货币，这其实是一种小范围内的记账法。在甲骨文里，"朋"字的形象就是两串贝壳。

考古发现，三万年前，已经有智人使用贝壳作为货币。所以，至少三万年来，我们只愿意和朋友做生意。愿意和陌生人做生意，是金属铸币发明以后的事情，至今还不到 3000 年。

销售源于社交，人们更愿意"照顾"朋友的生意，人们在心情愉悦时，更愿意买东西。

因此，要赢得更多的生意，人际"破冰"、建立联结是一个重要的销售仪式，快速将陌生人转化为朋友，是顶尖销售必备的素质。

　　其实，你若能付出真诚的关怀，自然就能找出"破冰"的方法。这个"关怀"不能只止于"我真的关怀你"，而是要付诸行动。比如，"你能知道什么样的信息客户需要，你会提前准备提供给他""你理解客户的偏好""你理解顾客的需求，给他们提供合理的解决方案""不论你买不买，我都想结识你这个朋友"。

第 2 章 启动法则

——从社交到销售的过渡

每天在每个方面我正变得越来越好。

——埃米尔·库埃

耶鲁大学心理学教授约翰·巴奇曾经做过一个著名实验。巴奇让两组受试者分别拿着热饮和冷饮，对陌生人做出评价。测试结果显示，手握热饮的受试者会对陌生人的评价比较积极，而拿着冷饮的受试者则对陌生人的评价比较消极。

这就是心理学中的"启动效应"（priming）。它是一种内隐的记忆效应，是指由于之前受到某一刺激或某一刺激物的影响而使之后对同样的刺激或刺激物产生回应的现象。

永远要避免消极的暗示

早在 1990 年，约翰·巴奇教授就曾做过这个实验。他把一些大学生分成几个小组，每组的任务是从包含五个单词的词组中挑出四个来组成一个句子。

其中，有一个小组的学生备选的都是与老年人相关的词汇，例如"针织品"（knits）、"皱纹"（wrinkles）、"痛苦"（bitter）和"单独"（alone），等等。当人们读这一串词时，你几乎都能想象出一个弯腰驼背的老人在公寓里轻轻地四处走动，同时还抱怨电视节目的情景。

当他们完成这项任务时，又被叫到大厅另一头的办公室里去参加另一个实验，从大厅的一头走到另一头。

其实，这才是这次实验的关键所在。研究者悄悄地测量了他们所用的时间，发现这些以老年为主题造句的被试者，比那些以年轻人为主题造句的对照组走得要慢得多。

约翰·巴奇这篇论文直到1996年才发表。为什么要压着这样一个有趣的结果不发表呢？主要是出于严谨性，他想重复这个实验，而且也确实这样做了。他也用不同的暗示信号做类似的实验，结果发现这个"启动效应"是确实存在的。

尽管学界对这个心理学效应存有争议，但诺贝尔经济学奖得主丹尼尔·卡尼曼力挺"启动效应"的存在，他在作品中每次写到巴奇的时候，字里行间都透着钦佩之情。卡尼曼在《思考，快与慢》中写道：

德国一所大学曾做过的一项实验便证实了这一点。这个实验堪称巴奇和他的同事在纽约所做的那个早期实验的翻版。在实验中，研究人员要求参与实验的学生以每分钟30步的速度在房间里绕着圈走 5 分钟，这个速度是他们正常行走速度的 1/3。这个简单的实验过后，学生们能更快地辨认出与"老年"相关的词汇，比如"健忘""年老"和"孤独"等。"启动效应"往往能产生连贯的反应：如果首先想到老年，你就会表现得像是上了年纪，而这种上了年纪的表现也会强化你关于"年老"的看法。

"启动效应"在我们日常生活中能体验得到。不妨扪心自问，如果"皱纹"这个词的暗示会让你变得慢吞吞，那么"猎豹"这个词的暗示能让你健步如飞吗？

约翰·巴奇这篇论文发表之后，被心理学界引用了 2000 多次，可谓开启了"启动效应"的时代。

这个心理学研究成果对销售的启示就是，永远要避免使顾客受到那些消极的事物的暗示，比如消极的背景音乐、消极的词汇、消极的装修风格……

顾客很容易受暗示，曾有国外研究者做过一个实验，要求访客浏览同一个汽车网站，差异在于网页背景颜色有两种，一种背景颜色是红色的（强调汽车安全性），另一种背景颜色是蓝色的（强调汽车的价格）。研究结果显示，那些浏览蓝色背景的访客们将更多的注意力放在价格上，而那些看到橘红色网站的人们更倾向于了解汽车安全性的细节。

其实，一些店主早就注意到了类似的效应，比如新鲜的烤面包气味会增加烘焙食品销售额，泡芙店的奶油味道会刺激人们购买更多的泡芙等。

利用"启动效应"提升成交率

心理暗示是由法国医师埃米尔·库埃于 1920 年首创。

埃米尔·库埃有一句名言：每天在每个方面我正变得越来越好。他让病人不断重复这句话，作为一种自我心理暗示疗法，使许多病人得到康复。

利用"启动效应"，你可以激活客户大脑中的无意识机制，以提高客户在销售对话中做出特定反应的可能性。

所以，在与顾客交流时，多一个点头，多一个微笑，多一句积极肯定的话，可能会收获到意想不到的效果。

在与顾客交谈时，请利用讲故事的力量。你可以通过自己的描述，在客户的内心中勾勒出下面这个场景："想象一下吧，假如你能为自己添置这台设备，那么……"然后你可以继续把这句话说完，并同时提到效率、速度、耐用之类的概念。

"我可以打扰你一分钟吗？"如果你用这样的开场白问询一位新客户，基本下面的销售工作会变得非常困难，因为你的交谈对象已经不由自主地将你和"打扰"二字联系起来了。

在与顾客沟通时，肯定的口气最有效。

一位水果商谈起生意的趣事时说：有很多水果很难从外表去判断它是不是很甜，所以有些客人就问老板："这个西瓜到底甜不甜呀？""你的橘子甜吗？"在这种情况下，如果用暧昧不明的语气回答说："大概很甜吧！"或"我想不会酸吧！"那么十个客人中定有七八个掉头就走。

　　但是，同样的货物，如果改用这样的语气表示："如果我这儿的西瓜不甜，哪里还能买到甜西瓜呢？""我这里绝对不卖不甜的西瓜！"奇怪得很，这些货品就能很顺利地脱手。这虽然是商场上的推销口才，事实上如果能运用心理学上的原理，使顾客相信这些西瓜或橘子是甜的，以增加对方的信心，必能达到畅销的目的。所以，我们如想在自己的内心里培植自信，首先得用肯定的方式，这是一个先决条件，只要说"一定不会酸"，而不说"大概不会酸吧"。运用肯定的语气，无疑是获取成功的第一步。

顾客的购买决策受情绪驱动

　　李宗盛有首歌，好像是讲他的太太因为心情不好，就逛街血拼，"太太买了8000块的耳环"。这个消费行为很容易理解，人在心情不好或是想要变得快乐时，就会购物。销售、贩卖不仅仅是商品，还有心情。

　　人类大脑在工作时喜欢走捷径，为此，大脑会把我们的经验、回忆和信条分门别类，放在一个"格子"里，而我们则会将自己的经历、交谈、行动等都装进这些格子里。和单独记忆每一个场景相比，这样的归类记忆对大脑来说更容易，负荷也更小，尤其是当大脑需要做出快速或复杂的决定，比如购买决定时。

我们必须时刻提醒自己，大多顾客购买产品无外乎两个原因——为了更接近快乐抑或是远离痛苦。我们花钱买醉，还是花钱买药，本质上都是为了接近快乐或是远离痛苦。作为销售员，我们有义务让顾客开心、快乐。

人类是情感动物，会做出一些情绪支配的购买决定，尤其是他们购买的产品或服务属于我们上述讨论的"快乐"一类。10 万元的音响系统、3000 元一条的牛仔裤、2000 美元一盘的鱼子酱，或者是在度假胜地住一晚 8000 美元的酒店，无外乎都是如此。

这些决策和逻辑无关，都是受到情感驱动。然后，人们会用逻辑来论证自己的购买行为是有道理的。

要像苏格拉底一样循循善诱

俗话说，隔行如隔山。然而，隔行不隔理。这是个处处都需要销售的时代。销售已大大超出原本的职业含义，而成为一种生活方式，一种渗透于生活各个层面的理念。

我本人并没有做过"安利"或者做过电话推销员，也没有卖过珠宝或奢侈品，唯一的客服经验，是求学期间在一家五星级酒店打工——前厅接待。虽然工作时间不是很长，但这次经历让我学会了很多。

圣哲苏格拉底做了一件历史上只有少数人才能做到的事：

他改进了人类的思维方式。直到现在，他仍被尊为世界上最了不起的说服大师。

在苏格拉底时期的雅典，重大事务通常通过投票解决，因此口才成为最耀眼的技能。苏格拉底发明了一种方法，能说服最顽固的人。所以他的这套方法，被人称为"苏格拉底牛绳"。

他的方法是什么呢？他是否对别人说别人错了？没有，苏格拉底才不会呢！他太老练了，不会做出那种事。

"苏格拉底牛绳"以得到"是"为根据。他所问的问题，都是可以让对方回答"是"的问题。他不断地得到一个同意又一个同意，直到他拥有许多的"是"。

他不断地发问，到最后，几乎在没有意识之下，他的对手发现自己所得到的结论，恰恰是他在几分钟之前所坚决反对的。以后当我们要自作聪明地对别人说他错了的时候，可不要忘了赤足的苏格拉底，应先提出一个温和的问题，一个会得到回答"是"的问题。

"启动效应"对销售的启示就是，要像苏格拉底一样，多说"是"，少说甚至不说"不"，从双方都同意的事开始谈起，从别人的角度看问题，才会有更多收获。

第3章 藏匿法则

——顶尖销售都善于把商品"藏"起来

销售的目的是为客户提供更好的产品和服务，帮助客户解决问题，让客户的生活获得更多的方便和享受。

——汤姆·霍普金斯

销售是一种古老的人类行为，有着几千年的历史。

老子是春秋时代的思想家，是《道德经》的作者。除了《道德经》这部玄奥作品之外，老子还曾经向孔子面授机宜，传授了一则古老的生意经，叫作"良贾深藏若虚"。

"良贾深藏若虚"翻译成白话就是：善于经商的人，不会让货品显得繁多。用销售语言阐释就是：顶尖销售不会给顾客制造太多的选项，他们善于把一些选项隐藏起来，或以更清爽的结构呈现。

选项越多，越不利于成交

让顾客陷入"选择困境"是一个销售误区，它会降低你的销售业绩，毁掉你的销售任务。

顶尖销售都善于把自家商品的非必要选项藏起来，这是一种有违直觉的销售法则。

普通销售员会想当然地认为，给顾客越多可选项，成交的可能性就越大。事实恰恰相反。

比如顾客来买一种吸尘器，普通销售员会一股脑地展示所有库存型号，让顾客自己去挑，心想：这么多型号，总会有一款适合你。

乍一看，这似乎是一种坦荡诚实，让顾客根据自己的实际需求来选择，但本质上，这是一种偷懒，是一种非常业余的表现。

你是否曾经陷入让顾客比较两个选项的纠结境地，而最终却一个也没能卖出去？作为一个顾客，当销售人员告诉你，你看中的产品不够好而另一个产品更好时，你会是什么感觉？

销售的一个重要职能，就是产品顾问，帮顾客做优选。在这个供过于求的世界，顾客要面对琳琅满目的选项，难免会挑花眼。大部分情况下，顾客很难对自己的需求有一个清醒的认识。而销售人员，身为某一产品领域的专业人士，如果他没有帮顾客过滤选项，反而去制造过多的选项，只能说销售在偷懒，他在诱发顾客的"选择困难症"。

21世纪的第一个年头，在美国加利福尼亚的一家超市，心理学家希娜·亚格尔和马克·莱珀进行了一项关于果酱和选择的研究实验。

为了满足顾客不同口味的需求，这家超市预备了250种不同口味的抹酱、75种不同的橄榄油、300多种果酱。

实验者设计了一套巧妙的实地试验计划，并在超市的同意下，连续两个星期摆试吃柜台。

实验者准备了两批试吃货品，每隔一个小时轮流更换。

第一个小时摆出24种不同的果酱，另一个小时只摆出6种。

这两批果酱都经过试吃专家评定，并小心挑选过，都同样的美味可口，只是有一些细微的差别罢了。

在研究期间到这个试吃柜台的人，都可以拿到一张价值1美元的代金券，可用来购买店里出售的任何果酱。

每一张代金券上都附有暗记，以分辨顾客拿到代金券时，试吃柜台是摆出6种果酱还是24种果酱。

实验者想知道面对24种果酱的顾客，是否会被这么多的选择搞得晕头转向，根本无法决定买哪一种。面对24种选择跟只有6种选择的人相比，他们是否更不可能买东西。由于有暗记的帮助，就很容易追踪这两组顾客的行动。

或许有人认为，选择越多，销量越高，但事实恰恰相反。

那些尝了6种果酱的顾客，买了比较多的果酱。

虽然在摆出令人眼花缭乱的 24 种果酱时，试吃柜台吸引到的顾客比较多（145 人对 104 人），但他们只有 3% 真的使用了代金券。而只有 6 种选择的顾客，却有 30% 后来买了果酱。

最终的结果是，虽然陈列 24 种果酱口味的展台吸引的顾客更多（145 人），但成交率非常低，只有区区 3% 的顾客购买了果酱。

只陈列 6 种果酱的试吃柜台吸引的顾客相对少一些（104 人），成交率却整整提高了十倍，30% 的试吃者使用代金券购买了果酱。

这个研究结果谈不上惊世骇俗，却揭示了销售成交的微妙所在。换言之，面对可选择项越多，人们就越难取舍，最后反而不利于成交。

很多销售都曾经陷入让顾客比较两个产品的境地，而结果却一个也没能卖出。当顾客在价格、设计、功能、品牌等元素之间"挑花眼"时，决断力就会崩溃，最后只能放弃购买。

事实上，选项越多，做出选择反而越困难。过多的选择令人感到不安和为难，尤其是当这些选择都很诱人的时候。事实上，消费者的购买行为是可以预测的。

人们偏好中庸的选项

给顾客选择，会干扰购买。但是，很多时候，你只提供一个可选项，那又是一种"独裁"，顾客同样不买账。

这个时候，不妨摆几种明显有档次、价格差别的选项，顾客一般会挑选中庸的选项。这其实也是一种"藏"，至于怎么"藏"，则要视情景而定。

如果顾客就是奔着某款吸尘器来的，或者第一眼就看中了某款吸尘器，这个时候，如果想提高成交率，销售人员不宜推荐其他的选项，而应该重点围绕这款吸尘器进行介绍，让顾客了解到这款吸尘器更多的优点。

总而言之一句话：不要让顾客面临太多的抉择与割舍，不要让顾客陷入"选择困难症"的困境。

如果顾客只是闲来无事逛逛，或者不知道该选择哪款，一般来说，最好给顾客推荐三个可选项。这三个选项恰好有两个极端选项，和一个中庸选项。比如：

一个价格低廉，但只有基本功能的低配"乞丐版"。

一个价格适中，功能完备的"标准版"。

一个价格很贵，功能完备、装饰豪华的"旗舰版"。

接下来，顾客的行为几乎可以预测，大多数顾客会挑选比较中庸的那项。

这在行为经济学中叫作"中杯效应"。很久之前，我曾在拙著《赌客信条》中有过介绍，这是被科学实验所证实了的一种消费者行为规律。

某些商品，大份与小份之间成本基本无差别。比如咖啡，大杯与小杯之间的成本差最多不过几毛钱，但是其定价却相差甚远。商家为了促销，常在促销手段上做点文章。

假设某咖啡馆推出一款咖啡：大杯（620毫升）39元，中杯（500毫升）34元，小杯（380毫升）26元。

理性之选应是“小杯”。除非是对咖啡特别上瘾的人士，小杯咖啡一般可以满足自己的需求。

但是，事实上在“大杯”和“小杯”两个参照值的作用下，大部分人认为选择“中杯”是最稳妥的。所以，人们经常选择“中庸之道”而忘记了真实的需求。

我们买饮料或其他消费品的时候，经常有大、中、小三种型号，很多人会在价格比对的刺激下，选择中号商品。我们把这种选择“中庸之道”而忘记了真实需求的现象称为“中杯效应”。

让我们看看另一项相关的实验得出的一个有趣的结论：

心理学家选择两组人参与实验，其中一组人在两种美能达相机之间做选择：一种是售价1700元的A型，另一种是售价2300元的B型。结果，选择两种机型的人各占一半。

另一组人则必须在3种机型之间做选择，除了上面这两种机型外，加上另一种售价4600元的C型。

也许你会觉得，除了选C型的人以外，剩下的人选择A型和B型的仍然各占一半。

结果出人意料，第二组有很多人改选了价格适中的B型，比选择最便宜机 A 型的人多出了一倍。

如果在一批选项中，出现了一个中庸的家伙，一般人可能会比较青睐它，而不会选择极端。

行为经济学中这种现象称为"厌恶极端"的心理，也就是"中杯效应"。

最不可取的，是把所有商品一股脑摆在柜台上的销售方法。

在一个卖场里，你当然无法用魔法把所有的商品都隐藏起来。然而，顾客的注意力是非常有限的，销售人员向顾客推荐什么，顾客的注意力就会被引导到那里。那些不被推荐的商品，往往会被视而不见，其实已经起到了类似"深藏若虚"的效果。

杰·亚伯拉罕第一次发现提供不同数量以供选择的奥妙时，正在一家售价昂贵的商业杂志社工作。当时他仅向客户提供一种订阅期一年、没有其他选择的方案。

杂志的发行人告诉他："错！"然后，他建议杰·亚伯拉罕向客户提供两种订阅方案。

第一种方案：只提供人们一种一年的订阅期，其他什么都没有。

第二种方案：一年期 55 美元；两年期 95 美元；三年期 120 美元三种选择。

在第一种的订阅方案中，由于大家都没有选择，平均消费额度为 55 美元。

至于第二种的订阅方案，由于杰·亚伯拉罕向客户提供了三种不同的选择，使得三分之二的客户选择了数量较高的订阅方案。

从结果来说，杰·亚伯拉罕从第二种订阅方案中每名客户身上所获得的平均利润，要比第一种方案多出一倍。

顾客要的不是便宜，是感到实惠

成交的关键不是价格、性能，而是"结构"。

某家超市货架里陈列两种入门级的吉列双层刀架：一种是送一枚刀头，价格 15 元；另一种是送一枚刀头，还送一小瓶剃须泡沫，价格也是 15 元。你当然会选后者，并且会怀疑老板是不是一时糊涂标错了价格。

这其实是用陪衬品来引导客户选择的一个小诡计。行为经济学家特韦斯基通过实验证明：

如果 A 优于 B，大家通常会选择 A。

但是，如果 B 碰巧优于 C，而且其优点 A 是没有的，那么许多人就会选择 B。

其主要的理由就是与 C 相比，B 的吸引力显著加强了。

某厂家推出两款豆浆机，容量、功率相同。

A 型：368 元塑料外壳，干豆豆浆、湿豆豆浆和米糊功能。

B 型：668 元不锈钢外壳，干豆豆浆、湿豆豆浆和米糊功能。

显然，只是外壳材质不同，价格相差将近一倍，很多消费者宁愿选择塑料外壳的 A 型。为了推动 B 型豆浆机的销售，厂家请来了营销策划公司。营销策划公司建议厂家向市场投放少量的 C 型豆浆机。

A 型：368 元塑料外壳，干豆豆浆、湿豆豆浆和米糊功能。

B 型：668 元不锈钢外壳，干豆豆浆、湿豆豆浆和米糊功能。

C 型：968 元不锈钢外壳，干豆豆浆、湿豆豆浆、米糊功能和液晶面板。

这个建议在理论上是可行的。在这三个选项里，顾客选 B 型的可能性大大增加。当然，实际的营销效果还会受到其他因素的影响，比如同行的竞争，消费者的营养观念（不锈钢和豆浆是否会产生化学反应）等，这不在本书探讨的范围。

很多房地产中介会毫无怨言地带领客户去到处看房，有时会故意带客户看两间条件一样、价格明显不同的房子。其实，中介心里很清楚，有些路并不是白跑的，那间同样条件、价格贵一些的房子只是个陪衬品，是促使客户签单的"药引子"（或"诱饵"）。

这里再介绍一种"中杯效应"的增强版。假设某超市卖有四种不同规格的松露牌消毒液。

第一种 180 毫升，18 元。

第二种 330 毫升，32 元。

第三种 330 毫升，32 元，附赠一瓶 120 毫升的非卖品。

第四种 450 毫升，42 元。

很明显，第三种和第四种相比，净含量是一样的，却便宜了 10 元钱。第三种和第二种相比价格一致，却多出了 120 毫升。

消费者可以很明显地感受到这是一种优惠。相信会有很多需要这种消毒液的消费者会选择第三种，第二种和第四种基本不会有什么销量，只是陪衬。

有时候，销售人员摆出三个选项，顾客仍有可能拒绝购买。

即使你使出"增强版中杯效应"，也无法 100% 确保顾客购买，这是一个必须承认的客观事实。

这时，深谙"深藏若虚"这一法则的顶尖销售能够力挽狂澜，逆转局面。

下面，请允许我结合脑神经科学，来解释这一法则的妙用。

"镇店之宝"不可轻易示人

过去的古董商，都把"深藏若虚"奉为座右铭，讲究把

"镇店之宝"藏起来。

当古董店老板向顾客展示了多种古玩，顾客仍嫌货太平庸，不入法眼时，老板为了成交，就可能会祭出撒手锏。

这个时候，老板会吊顾客的胃口，说自己藏有一件多么珍奇的古玩，一直说到顾客两眼放光，请求一看为止。

这个时候，老板才会带领顾客，穿街走巷，来到藏品所在地。老板再打开一层一层的门锁，捧出珍藏古董的匣子，揭开盖在古董上的绸缎，一件宝器隆重出场了。

这个时候，经过了一连串仪式化的销售行为，顾客购买的概率会无限接近百分之百。

"良贾深藏若虚"这句话也可以从营销的层面去理解，那就是物以稀为贵，人为制造稀缺可以达到畅销的效果。

饥饿营销为什么会屡试不爽呢？我们明明知道这是商家的惯用手法，为什么还会趋之若鹜呢？其中的关键在于人的预期。

俗话说：看景不如听景。苏轼曾以《观潮》这首诗道出了其中况味——

庐山烟雨浙江潮，未到千般恨不消。

及至到来无一事，庐山烟雨浙江潮。

这就是说，人们的预期，总会夸大一些事物的优点。

真正能说服顾客去购买的，不是销售员，而是顾客大脑里的"多巴胺"。

脑神经科学已经对此做出了科学解释：人类大脑中有一种名叫多巴胺的化学物质，它是一种神经递质，犹如神经元之间的信使，能让人产生愉悦、幸福、渴望、恐惧等各种感觉。

多巴胺像一个巧舌如簧的说客，会让我们产生一种渴望，进而诱使我们采取行动。当我们采取行动后，大脑就会获得快感的奖赏。

多巴胺就像一个媒婆，它善于绘声绘色地放大"对象"的优点。当我们的胃口被吊起的时候，说服我们的其实不是别人，乃是我们自己大脑内的多巴胺。

顶尖销售人员总是先向顾客介绍一种商品（解决方案）的优点，但不会急着拿出来。

当客户形成预期的时候，也就是胃口被吊起的时候，内心仿佛被"种草"，这"草"必须拔之而后快，否则就会心痒不止。

"杀手锏"只在关键时刻亮出来

有时，故意让商品离开顾客的视线没有什么坏处。你在热情介绍产品的时候，可以故意让顾客等待片刻再看到商品。

顶尖销售不仅要善于营造消费预期，更善于把握展露"杀手锏"的时机，那就是"顾客流露出渴望的一瞬"。

我曾读到一位日本顶尖销售员介绍的售卖化妆品的经验。

比如说，一位脸上起了黑斑的女客人走进来，她绝不会

　　主动提黑斑的事情。为什么呢？因为客人可能是为了鱼尾纹问题来买护肤品，如果提黑斑问题，客人可能会觉得受到了冒犯。最好的方法反而是先闲聊，让顾客说出自己的烦恼。

　　如果顾客说自己有黑斑问题，这个时候，她才会问：你有黑斑问题吗？这个时候，客人会确认自己被黑斑问题困扰。

　　这个时候，这位顶尖销售员会以专业的口吻，介绍有一种解决方案。比如，她会介绍说厚朴木酚素具有美白的医疗美容效果，是非常珍贵的生物萃取成分，可以让肌肤产生透明感。

　　这个时候，顾客开始有了黑斑问题可以有效解决的期待。

　　她会接着说，某某品牌的某款护肤品里就含有厚朴木酚素。

　　这个时候，顾客的期待开始升至最高。在顾客流露出渴望眼神的一瞬，是销售员隆重展示商品的最佳时机。

　　当顾客的期待升至最高的时候，销售人员恰好在此时，隆重推出他想要的那件商品，顾客会在那一瞬间迫不及待地想要得到它，签单付款。

　　比如说，你去家居市场买地板，一定担心甲醛超标问题。这时候，有一位销售人员向你描述，有一种地板是"零甲醛"产品，不仅是大厂生产，还上中央电视台做过广告。这种地板还加了防伪工艺，可以用验钞笔检验真伪。

　　这个时候，你的好奇心也被吊起来了，什么地板能做到

"零甲醛"呢？而且还用了防伪技术！你会忍不住想见识一下这种神奇的地板。

销售人员从货架上小心翼翼取出这种地板的样品，又用验钞笔给你做演示，同时他告诉你这款地板今天购买有优惠，几乎可以确定，这单生意很可能会成交。

少则得，多则惑

在电商崛起的时代，理论上商家已经拥有了"无限货架"。

过去受制于营业面积，货架只能摆十几样吸尘器，现在，在网页上可以展示无穷多的吸尘器，美其名曰"长尾效应"。事实上，消费者并不买账。

那些经营成功的卖家，罕有靠"尾部"商品聚沙成塔赚到钱的，能赚钱的"良贾"，无不是因为善于打造"爆款"，靠"头部"赚到丰厚利润。

在新零售时代，卖家更要善于"藏"，以突出"爆款"，而不是一股脑的堆砌。因为你的长尾商品再多，也比不过电商平台。而电商平台，也只能靠品类繁多的"长尾商品"赚到流量而已。

"良贾深藏若虚"，说明人们在古代就已经存在"选择困难"的问题。

所以老子会说："少则得，多则惑。"互联网的普及，人们因"选择困难"所导致的"决断力瘫痪"问题更加突出了。

所以，作为卖家，有义务帮买家做选项的筛选。靠着这样一个简单的法则，成就了"网易严选"之类电商的崛起。

顶尖销售藏匿选项的要点：

· **帮助客户缩小选择范围。**

· **不要再向客户介绍其他型号产品。**

· 选择困难症是普遍的存在

· 太多的选项会导致决断力崩溃

· 顾客偏爱中庸的选项

· 中庸＋特惠＝确定的选择

· **鼓励客户进行尝试，消除心理顾虑。**

· 多巴胺是"巧舌如簧的信使"

· 期待会夸大商品的优点

· 在顾客流露渴望时郑重展示商品

· **提供其他成功案例帮助客户进行比较，并且重复产品价值。**

第 4 章 价值法则

——把任何东西卖给任何人

顾客要买的不是 1/4 英寸的钻头，而是要买 1/4 英寸的洞。

——西奥多·莱维特

一个人无论贫富，潜意识中无刻不在想着"买"。比如，为什么会有些顾客喜欢逛街，因为她潜意识里是带着一种"使命"来的。这个使命不是"杀时间"，而是"发现价值"。

什么是价值？

当你展示自己的商品，并讲述自己的销售故事时，你的潜在顾客会在心里出现一个疑问："这玩意儿能给我带来什么好处？"

这就是顾客的价值诉求，也就是卖点。顾客的"买点"和你的"卖点"相匹配时，离成交也就不远了。

"把化妆品卖给牛"的疯狂故事

你听过"把护发素卖给牛"的故事吗？这其实是一个洞察客户价值诉求的故事。

某家化妆品专卖店的门口，有一位老农在踌躇。

从这位农夫鞋子上的灰尘和手上的老茧来看，他根本不属于这里的典型客户。

但化妆品店的一位女销售员还是热情和他打了个招呼，说："你好，有什么需要帮助的吗？"

农夫说："我家里喂养了一些牛。"

销售员表示很感兴趣，鼓励他继续说下去。

农夫说："过两天我就要参加县里举办的一场农业博览会，我希望自家参赛的那头大青牛，能够显得精神一些。"

女销售员想了一下，说："这里有一种护发喷雾，这种喷雾喷到头发上，就会显得发色很亮，人也显得更年轻有活力了。牛毛的长度应该同男士的头发差不多，喷在牛身上应该会起到类似的效果，并且这种护发喷雾价格适中，你要不要买一瓶试试？"

农夫眼前一亮，说："可以给我看一看吗？"

女销售员于是找出了那瓶她所介绍的护发喷雾。

农夫看了一下说明，决定买下。

女销售员说："这里还有一种防静电梳子，是专门为短发设计的，很多买这种喷雾的男士也会买。"

农夫说:"这个梳子我也买了。"

一周后,一位西装革履、精神抖擞的老先生来到这家化妆品店。

女销售员定睛一看,这不正是上周那位老农夫吗!

于是,导购员像见了老朋友一样和农夫打招呼。

农夫说:"这种护发素喷在牛身上后,毛色确实会变得油亮,整头牛都显得精神、健康多了。自己养的牛在县里举办的农业博览会上获得了金奖,并且还当场获得了一张订单。我想给家里养的其他牛也喷上这种护发素,让它们卖相更好一些。这次想买 50 瓶这种护发喷雾和 10 把防静电梳子。"

这是一则真实的故事。用它作为开篇,是因为它具备了销售的全部要素,可谓麻雀虽小,五脏俱全。

在你向顾客展示价值之前,其实顾客内心可能并不清楚自己真的想要什么,就像乔布斯喜欢引用汽车大王福特的一句名言:"如果你问顾客想要什么,他会说想要一匹更快的马。"

价值,是一个介于主观与客观之间的概念。有一个销售流派叫"创造性销售"。所谓创造性销售,就是价值的创造,就是"买点"与"卖点"的创造性匹配。

这就需要一种"洞见"。诚如营销学泰斗西奥多·莱维特所言,顾客买的并不是钻头,而是一个"洞"。这其实是在提醒我们,销售不必太拘泥于成见,而应着眼于是怎样为顾客提供价值。

不是卖，而是展示价值

顶尖销售会把自己与客户的关系看成是平等的，即基于彼此尊重的伙伴关系。

一位汽车销售员正在为客户推荐一辆豪华轿车。他引导客户从不同的角度观看车的外形，让客户用眼睛证明所看到的是多么气派的外形。

又请客户坐在车上，让他感受车的宽敞、舒适及豪华。

然后他拿出几位商场知名人士签下的订购合约给这位准客户过目。就这样，他们开始谈到车的价格及交车的手续，不一会儿客户签下了这单将近 100 万的合约。这次成交并非因为销售员运气好，而是采用了一种"JEB 销售法"，将介绍商品行为分三步：

· 说明商品的事实状况 (Just fact)。

· 将这些状况中具有的性质加以解释说明 (Explanation)。

· 阐述它的利益 (Benefit) 及带给客户的价值。

这位汽车销售员正确地做了两件事才给自己带来了好运：

首先，他充分掌握了如何展示价值。顶尖销售都明白，展示价值无非从如下几点出发：

· 爱

· 成长、成功、成果

· 简单、易用、便利

· 价格优惠

- 服务

- 便利

- 安心、安全

- 怀旧

- 新潮

- 安全、健康

- 系统化、配套

- 人际关系

- 兴趣、嗜好

- *商品给他的整体印象*

　　这位销售员发现，客户自己根本不开车，备有专职的私人司机，他对车不是很了解。这位客户的价值诉求很可能是"成长、成功、成果"。因此，销售员重点推荐"气派"的车型。

　　这位销售员正确地做的第二件事，是他重点证明他推荐的车子能满足客户的需求。例如他引导准客户从不同角度来看这部车的外形是如何让人一看就觉得气派非凡，他让客户坐在车中亲自感受舒适、宽敞及豪华，他拿出商场上知名人士的订购合约，证明这部车是有地位人士的最佳选择，充分地证明出这部车的身份不凡。

决定成交的不止购买力，还有需求

有人曾经向一位销售高手咨询成功之道是什么？这位销售高手认真地回答道："把时间用在最有希望的准客户身上，在希望不大的准客户身上不浪费光阴。"

然而，究竟谁是最有希望的准客户，却是个见仁见智的问题。

顶尖销售员会尊重每一位客户，决不以貌取人。虽然外貌在一定程度上能够反映一个人的经济实力，但决定成交的第一因素绝非购买力，而是需求。

在写这本书的时候，一位置业顾问告诉我，像北京、上海这样的一线城市，底价为 1000 万的房子比较难卖。这是因为，1000 万是一个心理门槛。"刚需"的心理底线通常是 1000 万以内，而出得起 1000 万的人，往往都已经有了更好、更贵的别墅了。

著名销售员汤姆·霍普金斯曾经历过这样一件事。

一天，霍普金斯正在房间里等待客户上门。没过多久，一辆破旧的车子缓缓地驶进了屋前的车道上，一对年老的夫妇从车上走下来，相互搀扶着来到门前。

霍普金斯立刻上前热情地迎接他们。同事向他摇头示意："别在他们身上浪费时间。"

但霍普金斯并没有这样做，他用对待其他潜在买主的热情态度来对待他们。认定他在浪费时间的杰克见他并没有听劝，甩手离开了办公室。

"由于房子中别无他人，建筑商也已经离开，我认为我不可能会冒犯其他人，为什么不领着他们参观房子呢？"汤姆·霍普金斯心想。

于是，霍普金斯便带着两位老人去参观房子。

当汤姆·霍普金斯带着他们参观时，他们以一种敬畏的神态看着这栋房屋内部气派典雅的格局。显然，他们从来没有住过这么豪华的住宅，也没有购买这栋房子的能力。

在看完第四间浴室后，那位老先生对妻子感叹道："你看，它有四个浴室。"接着他又转过身对霍普金斯说："多年以来，我们一直都梦想着拥有一栋有好多间浴室的房子。"

在参观过了这栋房子的每一个角落之后，他们回到了客厅，"我们夫妇俩是否可以私下里谈一下？"那位先生礼貌地向霍普金斯询问道。

"当然。"汤姆·霍普金斯说。

五分钟之后，他们走向霍普金斯，那位老先生拿出一沓钞票下了定金。

原来这位老先生只是一家酒店的领班。多年来，夫妻俩省吃俭用，积累一大笔钱，就是为了能买一套小豪宅。谁能想到，这样一对穿着朴素的夫妇会有这么多钱，能买得起这种房子。所以说，决定顾客购买力的不是他的存款，而是他的需求。如果他有这种需求，就算贷款，也会购买。

　　给客户分级，是任何销售员都会做的事情。然而，这存在一个悖论，那些你认为买得起的客户，可能需求已经被满足，甚至已经达到饱和了。

　　比如，某位有钱的女士，虽然她喜欢提包，也有实力购买那些名牌提包，但她的需求已经饱和，甚至家里藏有一些未拆封的名牌提包，除非有特别的"尖货"，要么很难激发她的购买欲。

　　演员张歆艺曾自述，自己在刚毕业进入社会时，因为自己没有一件正经的皮衣，于是就约上了一位家里非常有钱的女性朋友一起逛街。

　　在进入到一个奢侈品店后，张歆艺一眼就看中了刚出的一款皮衣，薄薄的一层皮，款式也很简单。可是，就在张歆艺让店员拿下来看一眼时，对方却直接问了一句："你买吗？"

　　之后，尽管店员也拿了下来，但就在张歆艺看到 17000 元的价格，然后不自觉感慨了一句："哇，这么贵啊！"那个女销售员却直接抛出一句：

　　"你以为呢？"

　　听到这话，张歆艺也一时愣在原地，直到自己朋友把她拉走，说："没必要置这口气。"尽管这位女性朋友家里非常非常有钱。

　　很多年后，张歆艺依然难以释怀。她坦言，虽然当时拍一集戏的片酬才 3000 元，但一件皮衣还是买得起的。张歆艺直言，这么有钱的一个人，都可以不被激怒，自己又何必赌气式购买呢？不去购买，才是更理智的做法。虽然有时候顾客会为了争口气而购买商品，这种体验无疑是非常糟糕的。

不要以自己的成见替代顾客的诉求

对于顾客的价值诉求，也不应被偏见所禁锢。商品或服务的卖点，应该是立体的，带有适应性的，由顾客决定的。这个观点甚至可以延伸到营销领域。多数企业自上而下进行所谓的"定位"，其实是越俎代庖，就把自己给定死了。

比如麦当劳、肯德基餐厅，他们从不给自己做什么定位，这反而让它们有了更强的生命力。在亚洲消费者眼中总体来说是，它们不是廉价快餐的代名词，相反，它属于中产阶层生活的标志。在中国，人们强调"食以洁为先"。麦当劳、肯德基代表着卫生和安全。不幸的是，麦当劳和肯德基也被爆出存在食品安全问题，比如某家本地供应商向它们出售过期的肉类食品。

很多人都被推销过自己不需要的东西，所以，人们对销售都带有偏见，对销售带有防卫和逆反的心理。

"把梳子卖给僧侣""把冰块卖给爱斯基摩人"一概被斥为荒唐且很容易赢得喝彩。

然而，如果是一位和尚在卖梳子的柜台前留步，那么和他进行攀谈，了解他的需求乃是销售应有之义。

和尚对梳子也可以是有需求的。就如那位农夫，虽然未必会为自己买梳子，却可能为自己的大青牛买梳子。和尚自己可能不需要梳子，但可能会因为梳子上雕刻的某个题材的故事所感动，他想买来供来往的客人使用，同时还可能起到宣扬教化的作用。如果对此不分青红皂白斥为荒谬，那就没有讨论下去的必要了。

做销售的一个基本法则是，不能用自己的价值判断，来替代顾客的价值判断。比如说，同样是卖奢侈品，你不能说客人买名表就是理性的，买钻石就是愚蠢的，反之亦然。

普通销售员总担心顾客会不会买，顶尖销售员则不存在这方面的顾虑。

你研究一下那些顶尖销售，就会发现他们都有一颗好胜之心。他们把销售视为一种挑战，以销售成交为胜利。他们明白，世间不存在 100% 的销售成交术，但却存在让成交率无限接近于 100% 的成交术。他们知道顾客一定会买，只是买什么、买多少、何时买的问题。

布鲁金斯学会是一个销售员培训组织。在每期学员毕业的时候，它都会设计一道最能考验销售员能力的实习题。完成任务的学员会获得一只刻有"最伟大的销售员"的金靴子。

小布什当政期间，学会曾给学员出了一道题目：请将一把钝斧头推销给小布什总统。

一位名叫乔治·赫伯特的学员最终把那把斧头推销给了

小布什。当人们问他怎么做到的时候，他说就是给总统写了一封信："总统先生，有一次，我有幸参观了您的农场，那是我见过的最美丽的农场，但是我发现有一些枯死的树木。我想，您一定需要一把斧头砍掉这些枯树。当然，照您现在的体格，一把太过锋利的斧头显然用起来不过瘾，因此一把略钝的斧头可能更适合您。现在，我手里正好有一把这样的斧头，是我祖父留给我的，非常适合您。如果您感兴趣的话，请回复。"

两周后，他收到了总统府汇给他的 15 美元，买了他的二手钝斧。

对于"价值"二字，销售员需要以一种开放的心态看待，尤其在网络通信高度发达的今天，"把任何东西卖给任何人"已经成为了一种现实。当然，这要在合情、合理、合法的前提下。

顶尖销售工作开始于知识和经验的储备，这种储备会让他更加自信，能够掌控整个销售过程。

在开篇的故事里，普通销售卖掉一瓶护发喷雾已经算是大功告成了，但在专业销售这里，这仅仅只是个开始。

她会给出更系统化的解决方案。给牛喷上护发喷雾，固然可以提亮毛色，但防静电梳子可以让这种效果更上一层楼。这种方案解决了顾客的"痛点"，顾客自然还会回头光顾。

顾客不是"上帝"，而是朋友

顾客当然不是上帝。

我们对上帝唯命是从，但对朋友则会提出合理的建议。

销售人员要利用自己的专业知识，像对待朋友一样给出合理建议。

人在潜意识中总是相信熟人，相信朋友，而对陌生人往往有一些本能的戒备，这是人之常情。如果你能够让你的客户感觉你就是他们的熟人或朋友，你的销售其实就成功了一半。

顶尖销售与顾客对话的第一句，绝对不是"您买什么？"他们往往是从关心顾客开始，从闲聊开始。

顾客，顾名思义，就是光顾的客人。客人就是朋友。所以人脉即财脉，人缘即财缘。

顶尖销售的一项必备特质就是"自来熟"。他们甚至善于制造话题，将"没话找话的艺术"发挥到了极致。

只有这样才能让顾客放下防卫，打开心扉。顾客打开心扉后，你需要的是倾听，在顾客的陈述中找出需求，给出解决方案。

在开篇的故事里，如果农夫不讲出自己的需要，销售员就无法给他量身定制出一种解决方案。

销售和购买是平等的，销售是要为顾客提供价值和解决方案。

第 5 章 预备法则

——做足功课，才能赢得信任

我相信销售活动真正的开始在成交之后，而不是之前。

——乔·吉拉德

顶尖销售不会等到顾客在眼前，才开始临阵磨枪。

顶尖销售在取得一鸣惊人的成绩之前，都在事先做好了枯燥乏味的准备工作。他们的工作开始于重复性的、看似枯燥的、需要耐心准备的琐碎事项。这会为销售成功打下坚实的基础。

卖产品之前，先卖自己

美国有一位顶尖销售，名叫西西莉·沙特怀，她以耐心和周到而著称。商店里总有一堆老顾客等着由她服务试穿鞋子。她可以在试鞋镜场和储物间之间来回小跑拿几十双鞋子给你试穿。她还会阻止你购买不合适、不合算的品种，给你提供最佳选择意见。沙特怀有一帮忠实"粉丝"，创造了令人惊叹的销售额，以66岁高龄被称为"世界上最伟大的女销售员"。

众所周知，开发一个客户的成本是维护一个老客户成本的5～10倍；向新客户推销成功率只有15%，而由老客户介绍的推销成功率为98%。所以，比起新客户市场的开发，不如维护老客户来得更划算。

微信有一个口号，叫作"再小的个体，也有自己的品牌"。其实，每一位销售员也有自己的品牌。

美国还有一位名叫莫妮卡的女装销售员，她在一家小服装店一年的销售额可超过100万美元。她能做出这样的成绩，主要是因为她在销售中建立了属于自己的品牌。莫妮卡拥有自己的"粉丝"，她的顾客除了去她那儿之外不会想去任何其他地方买衣服。

甚至有一位粉丝，宁愿把别家店的礼券退掉换成现金，也要去莫妮卡的店里买衣服。那位粉丝说："没有莫尼卡帮忙，我不会买衣服。"

因为找莫妮卡买东西的顾客太多，所以她总是在店里带着小跑来接待顾客。但是，她只要有空，就不会懈怠，她就会拿起电话通知顾客，或者给顾客发短信。

老客户

销售就像打台球，决定输赢的不是你能否击沉球，而是你能否在击沉一个球的同时，还能为击沉下一个球做好准备。

销售天然带有社交属性，它非常容易带动老客户介绍新客户机制的运转，当你把这个价值网络塑造好之后，很快就能体验到老带新的转介绍效果。

准备！准备！准备！

首先是知识的准备，它包括关于你所销售商品的专业知识，比如性能、价格、竞品的优势和劣势等。

成为顶尖销售，除了要善于把握顾客的价值诉求，还要精通商品知识。精通意味着貌似枯燥的准备工作，却是成为顶尖销售的必备功课。

因为准备，所以熟练；因为熟练，所以专业；因为专业，所以顶尖。

只有做足功课，才能赢得顾客的信任。充分的准备工作，会给你带来自信，进而游刃有余地掌控每个销售环节。

除了知识的准备之外，还要准备好良好的职业形象、饱满的个人情绪，以一种积极的状态进入销售工作。以莫妮卡所在的小服装店为例，差不多每天都有一小批进货，所以每天早上开门之前，员工们要参加一个一刻钟左右的例会。店长会展示每一件新品，并对它的特点和价值做一个基本介绍。全体销售人员都坐在那里，人手一本销售手册，而莫妮卡则在晨会结束后，立刻像冲锋的战士一样拿起电话，满怀信心地通知她的粉丝顾客：新到了一件衣服，你肯定想要。她并不是在请求顾客到店里来，她只是通知顾客一声，顾客就来了。

此外，销售员还要善于准备积极的情绪。每个人都会有生活中的烦恼，但无论如何，顾客是无辜的。就像你也需要在别的场合被别人友善相待，他们也理应得到最好的服务。这是成为顶尖销售的基本功。

搞定"参谋长"

很多时候，客户去买一些相对昂贵的东西，都会带上亲朋好友作为"参谋长"来指点一下。当顾客就要决心购买时，却可能因为结伴而来的朋友、恋人或者家人的一句话而最终放弃。

这样的例子时有发生。发生这种事时作为销售员，有时会觉得顾客的同伴有点"面目可憎"，那么，要怎样应对这些"参谋长"呢？

很多时候，一个销售员面对一名顾客还能游刃有余，当一名销售员面对多名顾客时，就难免感到吃力了。这个时候，最好有同事出面，帮忙来接待或应对。

如果没有其他同事能够出面帮忙，这里边最重要的技巧是向顾客指出商品的特点、优点和价值，然后把意在获得肯定的反问抛向这位"参谋长"，以获得"参谋长"的认同。

最重要的，是销售员自身应熟练掌握专业知识，这样有助于树立权威形象。销售员储备的商品知识越多，工作起来就越有信心，在销售过程中也越有主动权。

用专业素质折服"专家"

成交的关键在于客户的信任感。顾客相信的只有权威，权威意味着正确。

己之昏昏，焉能使人昭昭？

和你我一样，顾客都害怕和业余选手打交道。顾客明白，一名"二把刀"的销售顾问，意味着决策失误。

任何工作都一样，销售员也要通过学习储备，精通专业知识，成为所在领域的专业人士。

这不是替公司学习，而是为自己学习，因为你的工作是把你的商品知识传达给客户，协助客户解决问题。

一般而言，顾客的专业知识有限，我们要尽量避免使用专业术语。所以，我们提倡销售员用通俗的话向顾客介绍商品的特点、优点和价值。

然而，凡事皆有例外，那就是顾客带着"专家"来买东西，或者顾客自身就是"专家"时，销售员不妨用更高层级的对话方式，来尽情展示你的才华。

综上所述，不要以为顾客中的"高手"少，就放弃对专业知识的钻研。销售员要主动地从更广泛的角度，精心研究商品知识。

第6章 笑容法则

——你的笑容价值百万

只要有办法使对方从心底笑出声来，彼此成为朋友的路就展现在你眼前。对方与你一起笑，意味着他承认并接纳你。

——戴尔·卡耐基

销售，经由与人见面谈话而成立，所以必须先给对方好印象才能跨出第一步。

微笑是人类特有的一种社交行为。

笑容能舒缓顾客的心情，而且让人觉得你是一个充满自信的销售员。另外，在对顾客说一些难以启齿的话题时，也可以通过笑容避免现场僵化的尴尬局面。在销售工作中，笑容的意义只怕讲也讲不完。

再累也要笑一笑

既然销售是一种无论如何都得做的工作，为何不从中发现乐趣呢？

对销售员来说，发自内心的笑容是最强大的武器。我们心情好的时候会笑，笑过以后也会变得心情好。笑容和好心情，其实是"鸡生蛋，蛋生鸡"的关系。

很多人会认为自己不善于笑，然而，认为自己擅长笑脸迎人的人并没有那么多。事实上，出色的笑容能通过训练习得。

在卖场里，像开票之类的事务性工作有一大堆，经常搞得销售员非常忙碌。即便在接待客人时能够做到面带笑容，但在集中精神开票和偶尔走神的时候，往往容易绷起脸来。

正因为如此，作为销售员，首先应该做到的是时刻注意自己的表情。就算是天生表情不丰富的人，只要能做到让嘴角微微上扬，就能让店铺的气氛变得"平易近人"，使顾客愿意和销售员搭话。

如果说笑容可以价值百万，不知你会不会认为太夸张。

Z君是一位大公司的老总，年轻时是一位非常坚韧的销售员。

据说，他做的第一份销售工作是完全无底薪的，只给销量提成，而他所逐户拜访推销的电话机，又是一种价格比较昂贵的高端产品。

尽管一家家登门拜访，却一部也卖不出去。一开始他还精神抖擞地做陌生人拜访式销售，但不断被拒绝后，他也忍不住意志消沉。

这时，他已经笑不出来了，但是这份工作需要笑容，该怎么办呢？

Z君是这么做的，在按顾客家的门铃前，他右手拿着想要买的汽车照片对自己打气说："你想要这辆车吗？那就加油！"

然后，对左手拿着的镜子里的自己说："笑啊，快笑，凭这张脸是拿不到合约的。"

然后，让自己努力挤出笑脸，确定镜子里的笑脸没问题后，按下门铃。

当一个人来到陌生的环境，准备向陌生人询问信息时，会下意识地去选择那些看起来友善的人。

顾客也是如此，要想成为一名顶尖销售，就要让自己的嘴形、眼神、声音和站姿等各方面都向顾客呈现出一种善意的、敞开心扉的状态，让顾客乐意和你搭话。所以，无论多累，都别忘记"嘴角上扬"。

笑容是可以传染的

笑，是销售员与客户之间最快捷的破冰方式。对销售员而言，这是让人耳朵起茧的"老生常谈"。

管理者在督导销售员时，会一直反复强调"要时刻保持笑容"。

　　尽管如此，销售员一旦忙碌起来，就容易疏忽，脸上的笑容不知不觉就消失了。所以，在一间门店里，管理者时刻首先要以身作则，面带笑容，才能让店里洋溢着欢乐的氛围。

　　笑容的感染力也是巨大的，如果想让销售员做到时刻面带笑容，其实最好的方法是督导者以身作则，自己先绽露发自内心的笑容。

　　上司如果绽露笑容，那么下属自然会笑容满面。而一个洋溢着笑容的地方，自然会吸引顾客光临。

　　在向顾客以"您好""欢迎光临"之类的言语进行问候时，脸上应该洋溢出平时对自己的家人、恋人和挚友所绽露的笑容。

　　这种笑容与在镜子前通过拼命练习"嘴角上扬"而做到的那种"符合指导手册规范要求"的"业务式"笑容更高一级。

　　把自己从"必须得把商品卖出去"的职业桎梏中解放出来的真挚笑容，才是最为理想的笑容。就像与喜欢的人在街头偶然相遇时所绽露的笑容那样，既开朗又温暖。

　　无论是与顾客打招呼时，接待顾客时，还是在开票时，所有销售员都时刻提醒自己保持自然的笑容。这样，前来光顾的顾客就会感到快乐，回头客就会日益增多。

　　所以说，销售员是否能绽露自然的笑容，是非常关键的。

自然的笑容能够拉近与顾客之间的距离，让顾客能够随意轻松地进入店铺；自然的笑容能够营造一种平易近人的氛围；从结果上来说，最终会增加顾客购买的机会。

让门店内外洋溢着笑容

在当今竞争激烈的大环境下，还能稳步提升业绩、增加回头客的门店，都有一个共通点——销售员的笑容不仅仅洋溢在门店内，而是会一直"延伸"到了门店外的通道。

销售员不但对光临自家门店的顾客报以笑容和问候，而且还把友善的笑容和氛围带给门店外通道的顾客。

比如，销售员一直把顾客送到商场通道，而顾客也以"依依不舍"的表情笑着对销售员点头。此外，还把笑容和问候带给销售员同事，甚至是商场保安和保洁员。这样的情景，会让旁观者都觉得温暖愉悦。

这样的空间，任谁都会想再次光临，顾客自然也会产生"想和销售员交流"的想法。不管在哪个时代，顾客光临店铺的本质动机都是相同的："想获得快乐""想获得正能量""想获得满足"。

没人能拒绝婴儿的笑容

再讲一个笑容改变心态的故事。如果你爱笑，你就会更受欢迎；更受欢迎，也就更爱笑。

几乎每一个做销售的都听说过原一平这个人。

1904 年，原一平出生于日本长野县。因其家境富裕，父亲德高望重，他又在家中排行老么，所以很受父母的宠爱。然而，随着原一平慢慢长大，却发现身高停滞不前，成年后也只有 145 厘米。娇生惯养加上对自身容貌的自卑感，形成了他顽劣的性格，他最终臭名昭彰而无法立足于家乡。

23 岁时，原一平远走他乡，去东京闯天下，走上了保险推销之路。原一平刚从事推销工作的时候，常常为自己身材矮小而懊恼不已。

因为他身高只有一米四五，又瘦又小，用他自己的话说是"横看竖看，实在不是个好货色。"

为此，原一平不止一次地怨天尤人，但矮个子是先天形成的，是铁的事实，是无法更改且无法隐瞒的。

一次偶然的机会，一个与原一平相貌相似的主考官改变了他。

这位主考官曾留过洋，在美国专攻过推销，他的身材比原一平略高一点，身型较瘦。如果只看外表的话，和原一平像是一个模子印出来的。

这位主考官好像发现了这个星球上的同类一样，和原一平说了一番掏心窝子的话："你知道吗，那些个子高大魁梧的人，外表就显得威风凛凛，因此，访问顾客时也容易让对方产生好印象。可是，我们个子矮小的人，即使能力超过前者很多，由于受先天条件的限制，在踏出第一步时，无形中已经吃了暗亏。你我都属于身材矮小的人，为了不输给个子高、体格好的人，在踏出第一步时，该怎么弥补这个不足呢？我认为，我们可以从表情上领先他们，尤其可以用笑容制胜，可以绽露发自肺腑的笑容。"

说着，他的脸上立即浮现出笑容，那是一种浑身都在笑的笑容，是纯真感人的笑容，这笑容使原一平惊为天人。

从此以后，原一平也想掌握这种表情管理的方法。他开始刻意练习自己的笑容。通过日复一日地练习，不断地改进，一天，他忽然发现镜中的自己跟以前大不相同了，他的脸大放异彩，细加观察，眼神也有变化，这个发现使他信心倍增。

当原一平有了信心，与镜中自己对话的训练也就更起劲了，他清清楚楚地看出自己的脸孔逐日有了变化。

这个世界上，有几个人能拒绝婴儿的笑容呢？

原一平就曾自豪地说："如今，我认为自己的笑容与婴儿的笑容已经相差无几。"

就是这个笑容被誉为"价值百万的笑容"。原一平说："不管我认不认识，当我的眼睛一接触到人时，我会要我自己先对对方微笑。"

笑，不仅使原一平完全解除了自卑和戾气，也让他更受欢迎，也让他的心态渐渐变得积极。这就是笑容对心态的改变。在原一平 36 岁时，他的销售业绩全日本排名第一。59 岁时，他成为美国百万圆桌俱乐部成员，之后又被选为该俱乐部终身会员，他被称为日本寿险推销"皇帝"。

　　从现在开始喜欢你的销售工作，并把喜悦带给你周围的人，快乐是有传染性的。

第 7 章 赞美法则

——对顾客的认可与肯定

一句恭维，可抵我三个月的口粮。

——马克·吐温

人人都渴望自己的行为能获得他人的认可与肯定，当然也包括购物。打开顾客心门最高效、最省钱的方法，就是赞美你的客户。

所谓赞美法则，即通过对顾客的认可与赞美，接近顾客，也可以用欣赏的眼光和语言赞美顾客的选择，与顾客聊聊各自的购买习惯和爱好，并不失时机地推荐商品。

此外，如果一个顾客买了东西，没有一个人称赞他，他就会疑神疑鬼，认为自己做了错误的决定。销售的任务是达成交易，并在成交后让顾客放心。因此，从售前到成交，赞美都是必不可少的。

赞美可令顾客打开话匣子

让客户喜欢你的秘诀是什么呢?

只有你先喜欢对方,对方才会喜欢你,这是达到使对方喜欢你的必经之路,同时也是最短的路径。因为对方是你的一面镜子。

要尽量赞赏对方的长处,只要你所赞赏得有根据,即使言过其实一点也不会显得不自然。对方听到你的话之后心里一定很高兴,这样一来相互之间的感情就立刻融洽起来,接下来的事情就好办多了。

对于初次见面的人,最好避免以对方的人品或性格为对象,而称赞他过去的成就、行为或所属物等看得见的具体事物。如果赞美对方"你真是个好人",即使是由衷之言,对方也容易产生"才第一次见面,你怎么知道我是好人"的疑念及戒备心。

有一种赞美,可以称之为"开放式"赞美,可以有效勾起顾客的表达欲。

比如:"你的口音很好听啊!"

很大程度上,顾客会透露他的老家是哪里,接着,关于顾客家乡的话题就展开了。

还有一种"补偿式"赞美,意思是避开那些陈旧的赞美之词,而大大赞美他较不为人所知的一面。

例如某甲很有钱,我们就不可以夸赞其富裕,我们可以夸赞其善良。因为他那些尽人皆知的优点，已经被人夸了无数遍，"耳朵都起茧了"，换新角度去赞美，往往令他感觉更为受用。不要去夸赞别人都夸赞的地方，而去夸赞一些他自己和别人都不知道的地方。

作家三岛由纪夫的小说中有一位将军，一听到别人称赞他美丽的胡须便大为高兴，但对于有关他作战方式的赞誉却不放在心上。

这种心理是每个人都有的。大概不少人赞美过这位将军的英勇善战及富于谋略的军事才干，但是他作为一个军人，不论在这方面怎样赞美他，也只是赞歌中的同一支曲子，不会使他产生自我扩大感。然而，如果你对他军事才能以外的地方加以赞赏，等于在赞词中增加了新的条目，他便会感到无比的满足。

称赞孩子比称赞大人更令人受用

俗话说，孩子都是自家的好。

孩子代表着未来，代表着希望。作为家长，往往都喜欢听到夸孩子的话，例如"这孩子真可爱！"

对小孩子的欣赏，会让家长感到由衷的愉悦。如果连家长也一并夸了，那就会起到"一炮双响"的效果。比如："哟！小小年纪还真聪明！您平时是怎么培养的啊？"

赞美这件事，越自然越好，这就要求我们适度超越书本的教条。

比如，一位带着孩子的顾客走了过来，按照书本的教条，接待这种"带着孩子的顾客"，要称赞，要嘴角上扬，要声音洪亮地向顾客打招呼："欢迎光临！啊！您的宝宝长得好可爱！"

可是，这种略显唐突的待客之道，可能会激起顾客的疑虑，甚至出于本能，面对可疑人物一般护着孩子离开。

如何才能自然地赞美，需要学会把握时机，在实践中练习。完全按照操作手册来的赞美，只是一种"鹦鹉学舌"而已，会让人觉得不自然。

其实，谁不喜欢小孩子呢？如果当时能以自己的语言，发自内心地对孩子的表情、着装等表达喜爱之情，语言可能朴实无华，却能自然而然地和顾客拉近距离。

现代家庭的宠物，具有陪伴功能，夸宠物可以起到和夸孩子类似的效果。

有一位销售员去拜访一个新顾客，主人刚把门打开，一只活泼可爱的小狗就从主人脚边钻了出来，好奇地打量着他。销售员见此情景决定马上改变原已设计好的推销语言，他惊喜地说："好可爱的小狗啊！这是进口的名犬吧？"

主人自豪地说："对呀！"

销售员又说："真漂亮，这么干净，您一定天天给它梳洗吧！"

主人很愉快地说："是啊！很耗时间，不过它很惹人喜欢。"

销售员就这条狗展开了话题，然后又巧妙地将话题引到他的真正意图上。待主人醒悟过来时，已不好意思再将他拒之门外了。

赞美顾客的眼光和专业性

人们对于事物的看法和审美情趣是多元化的。作为销售员，应该给予顾客充分的肯定。

赞美也可以用与商品相关的话题来实现破冰，比如"您穿这件真的很漂亮"。其实任何顾客身上都有值得称赞的"亮点"。根据服装这个话题，可以向顾客推荐相匹配的商品。

再比如顾客的发型、佩戴的饰品及领带等，这些显眼之处往往体现了顾客的审美情趣。一个人身上最显眼的地方，正是他最希望别人关注的地方。作为销售员，要对顾客展示的这些"亮点"产生兴趣，并且试着以肯定的态度尽情评价。

A 先生和不少朋友的全家都相处得很好，其中与一家夫人的友谊甚至比和她丈夫的友谊更为深厚，当然他们之间的关系绝不会使人产生误会。本来 A 先生只认识她的丈夫，那么 A 先生怎么成了她全家的朋友呢？

起因可能是在与她初次见面的那次宴会上，A 先生随便说出的一句话。

当时，A 先生被介绍给这位朋友的夫人，由于当时没有适当的话题，就顺口说了一句"你佩戴的这个坠子很少见，非常特别"，企图以此掩饰当时的尴尬。

A 先生说这句话完全是无意的，因为他根本不懂女人的装饰品。出人意料的是，这个坠子果然很特别，只有在巴黎圣母院才买得到，这是她的心爱之物。随便说出的这句话，使夫人联想起有关坠子的种种往事，从此他们便成了好朋友。

当然，赞美有一个前提，就是你的话必须真实可信，如果明摆着并非出自真心，那么不是对他人的讽刺，就是阿谀。弗顿·谢恩大主教曾如是说："赞扬就像薄薄的腊肠片，清爽可口，恰到好处，而阿谀则又肥又厚，令人无法接受。"

如今，消费者挑选商品的眼光可谓一年比一年敏锐，即便把所有顾客都说成是"识货的行家"亦不为过。如果店里摆出了刚到的新货，往往会有顾客在第一时间光顾，他们会一边对销售员说："让我看一下。"一边动作麻利地拿着商品端详。对于这样的顾客，就可以以赞赏的眼光说："这是我们家刚到的新货哦，卖得很好的。您真有眼光！"

售货员不是专家，遇到专业级顾客，很有可能会被问得哑口无言，有时即便售货员知道相关知识也可能因为问题的复杂性暂时给不出准确、完整的答案，但是售货员的职责是向顾客介绍商品，所以也没必要在顾客面前显得不知所措。那么如何来避免这种一时的尴尬呢？最有效的一个办法就是赞美顾客。这不仅能够快速化解尴尬局面，为售货员留下思考的时间，同时也能进一步增进与顾客之间的感情，达到一举多得的目的，但是在赞美顾客时，售货员需要注意语言要中肯，要做到真诚赞美。

提升"赞美表达力"的游戏

赞美其实是一种语言修辞学。语言专家常奉劝我们，不妨将"骨瘦如柴"改说成"轻盈迷人"，将"喋喋不休"改说成"雄辩的才华"，不同的语言阐释风格，可将相同的事实以完全不同的情绪表达出来。

有些女性，面对着镜子顾影自怜时，会产生某种幸福的感受。相反的，有些女人则被自卑感所困扰。

同样是偏黑的肤色，有自信的女人会以为：小麦色，健康的肤色。

而一个缺乏自信的女人会因此痛苦不堪：我的肤色这么暗淡！

两个人的心情也会完全不同。用否定意味的语言阐述一件事，对于一个人的心理健康有百害而无一利。

你如果以肯定的语气对肤色偏黑的女人说："你小麦般的健康肤色真令人羡慕！"只要不断如此赞赏对方，这位女人即使再三对镜梳妆，或明知自己的皮肤偏黑，但是她也会在心底升起一种自我悦纳的积极情绪。

赞美这种语言修辞学，不是读几本书就能掌握的。我们可以通过同事之间"结对子"进行练习，也就是和身边同事开展的一种互相赞美的小游戏，以做游戏的轻松方式实现表达力的提升，在实践中提升这种能力。

在游戏中，我们可以感受被人赞赏时的喜悦，来理解"称赞"这一行为的重要性。同时，这个游戏可以让我们理解赞美的分寸和尺度，拿捏"阿谀"和"赞美"的微妙区别。

然后，通过这种"赞美表达力"的活动，可以使得销售员变得越来越擅长"找出别人的优点"，最终使得销售员与顾客之间的沟通变得顺畅。

赞美表达力游戏的要点：

提高"赞美表达力"的游戏，要尽量让互相不太了解的两位同事组成一组，用"剪刀石头布"决定谁是"进攻者"，谁是"反攻者"。

A."进攻者"花一分钟左右时间介绍自己，推销自己，"反攻者"一边听，一边记录自己的印象。比如"打招呼时很爽朗""牙齿整齐""笑起来感觉很友善"等。

B."反攻者"的人花一分钟时间介绍自己，展示自己，"进攻者"一边听，一边记录自己的印象。

C."进攻者"和"反攻者"同时花费三分钟整理各自的记录。

D.以 AB 阶段所获得的印象和 C 阶段所整理好的记录为

素材依据，"进攻者"花费一分钟称赞"反攻者"的优点。

比如"和人打招呼时声音甜美，给人以好印象；牙齿整齐，让人羡慕；态度亲切，笑起来很有魅力"等。

以 BD 阶段所获得的印象和 C 阶段所整理好的记录为素材依据，"反攻者"花费一分钟称赞"进攻者"的优点。

游戏主持人可以通过随意点名的方式让参加者发言，发言内容是关于"自己被称赞的优点"。参加者吐露自己的各种感想。

这种游戏，不仅能提高销售人员的表达力，同时也是起到了很好的"团建"效果。一些游戏参与者会说"还是头一次有人夸我这点，我非常开心"。

在游戏交流中，相对陌生的同事可以打破刻板印象，增进理解与友谊。

以"问赞"与"答赞"快速反馈顾客

每个人都有自己的"逆鳞"，所以，与人沟通的最好方式是顺着对方说。就像俗话说的，骑马的最好方法是顺着它的方向跑。只有先就着马的方向跑，才能有机会慢慢地驾驭它。和顾客说话，既要善于"问赞"，也要善于"答赞"。

所谓"问赞"，就是当顾客提出一个问题时，你可以表示"这个问题问得好"。比如——

顾客：这里有戴森吸尘器吗？

销售：这个牌子很不错啊，你很有眼光，想看哪一款？

所谓"答赞"，是指向顾客提问，得到回答后，你要表示鼓励或赞同。

销售：你为什么选择这个牌子的吸尘器呢？

顾客：我的朋友推荐了。他特别喜欢它的设计。

销售：是的，它们非常棒。我们还有另外一个品牌的某款吸尘器，也获得了国际设计大奖，可能你会喜欢，要不要看看？

顶尖销售都善于反复"问答赞"，这样顾客几乎每说一句话，都能立刻感觉受到了重视。

每个人在潜意识中，都渴望别人的积极回应。如果你一直给顾客积极的反馈，以积极鼓励顾客说话的方式进行问答，就可以有效地打开顾客的"话匣子"。

第8章 门槛法则

——降低阻碍成交的门槛

如果你能让客户觉得他很重要，他们甚至会重新选择。

——乔·吉拉德

销售员的一个重要使命，是降低顾客购买的"门槛"。这里所说的门槛，主要包括三种：第一是理解与使用的门槛，比如顾客能不能懂得他买了什么，怎么使用等；第二是拥有门槛，比如多种支持支付方式，比如支持分期付款等，甚至不用支付，可以先试用；第三是风险门槛，比如顾客买了一种商品，会担心不被其他人认可等。

降低理解与使用门槛

同行之间，专业术语可以令行业内的沟通变得高效，然而，对于外行来说，这些概念宛如黑话。

　　大部分人到了一定年龄就不愿再学习新东西了，所以，对年长者，尤其要注意讲解的通俗性。随着老龄化的来临，会遇到一种常见的情况，比如，一位老人第一次买智能手机时，如果销售员满嘴专业术语，可能会使他感觉自己似乎是落伍的人。

　　你可以让自己的语言简单、易懂。当你使用行业术语时，可以做一些补充解释。比如，这部智能手机有 256G 的内存，它能存 64000 张照片。

　　销售员在介绍中使用专业术语时，多数情况顾客不愿去搞清这些术语，他们会选择在困惑中离开。

　　两种情形下可以适度使用专业术语，有助于说服顾客。

　　第一种情形是顾客带着"参谋长"来，或者顾客自身就有专业知识。你只能用一些高深的知识和他"盘道"才能令其折服。

　　第二种情形是销售员为女性或较年轻的男士，因为大众普遍对他们有偏见，认为他们不具备专业知识，适度的专业术语，有利于塑造自己的专业形象。

　　但是，有一条总的原则要记住，你要赞美他们的知识，表达一种"终于遇到一位懂行的，能和我交流的顾客了"的喜悦，而不能表达出一种在专业知识上"碾压"了顾客的沾沾自喜。

禀赋效应与体验式销售

禀赋效应，是指同样一件商品，一旦人们拥有这件商品，相对于还未拥有这件商品的人而言，会对此商品估计一个更高价。

行为经济学的重要开创者——理查德·泰勒教授，曾经找了一些大学生做过这样一个实验：

第1组：泰勒教授准备了几十个印有校名和校徽的马克杯。这种马克杯在学校超市的零售价是5元，在拿到教室之前，教授已经把价签撕掉。泰勒带着这些杯子来到课堂上，问学生愿意花多少钱买这个杯子（给出了0.5元到9.5元之间的选择）。

第2组：泰勒教授同样带着马克杯到第二个教室，但这次他一进教室就送给每个同学一个杯子。过了一会儿教授说由于学校今天组织活动开大会，杯子不够，需收回一些。老师让大家每人都写出自己愿意以什么价格卖出这个杯子（给出了0.5元到9.5元之间的选择）。

实验结果显示，在第1组中，学生平均愿意用3元钱的价格去买一个带校徽的杯子，而到了第2组，当需要学生将已经拥有的杯子出售，出价陡然增加到7元钱。

相对于获得，人们非常不乐意放弃已经属于他们的东西。泰勒把这种现象称为"禀赋效应"。

所谓体验式销售，就是靠客户的一种感觉、感受，通过你提供、展示服务的过程体验来让人家认可、接受你。

顶尖的珠宝销售员会把钻戒戴在客户的手指上，然后观看她的反应。如果她喜欢这枚戒指，那么就可以按照假定成交的方式进行说服。

乔·吉拉德在推销汽车时，常常设法让客户试驾，让他们去体验驾驶新车的感觉，让他们"闻"新车的那种气味，甚至，他可以让客户先把汽车开回家。当客户对汽车产生好感之后，一般会很容易做出购买的决定。

现实生活中，一些商家会提供产品的"试用期"。比如顾客可以先免费试用该产品 15 天，试用期满后如果顾客愿意可以选择退回该产品。然而，到那时该产品已经像是家中财产的一部分了，禀赋效应使得人们不愿意归还而更愿意购买该产品。

以"现场交付"的形式降低拥有门槛

降低支付门槛的形式多种多样。

比如，有的顾客对一辆汽车很满意，最后却说："太贵了。"

这个时候，销售员不妨说，公司会协助办理贷款，每天只需付 60 元，就能拥有一辆私家车。这个时候，客户接受起来就容易多了。

免费试用，是降低支付门槛的极限形式。

禀赋效应在某些营销学书籍里变身为"幼犬效应",是一种常见的销售技巧,行为经济学家则称为"所有权依赖症"。

父母去领孩子们逛街,路过宠物店,孩子们围着小狗不忍离去。店主和小孩家长认识,慷慨地说:"把它带回家去过周末吧!如果它跟你们合不来或者你们不喜欢它了,星期一早上再把它送回来就行。"

他们如何能抵挡这样的诱惑!头两天真是快乐无比。大家争着去遛狗,看见小狗憨态可掬就哈哈大笑,它整晚嗥叫也会有人为它开脱:"哎,它还是一只小狗呢!"

星期一是上班和上学的日子,他们在不知不觉中发觉这只狗已属于他们了,想还给店主的念头,被离别的痛苦战胜了。这个例子中店主对顾客也是非常公平的,允许他们先试试再最后决定。

某家滤水器公司也采用同样的方法。销售人员提供自来水过滤器,借你用半个月。你一旦用惯了纯净水,就不会愿意再喝带漂白粉味的茶或咖啡。这种做法来自同样的思路,同样的方法。

汽车行也会借车给那些有购车能力者试驾,这样做是希望你一旦尝试了来自邻居艳羡的眼光、朋友的赞誉滋味后,就不愿意再送还这辆汽车。

在生意即将成交的时候,如果客户还没有下定决心,著名的汽车销售员乔·吉拉德会使出撒手锏,他会很爽快地对客户说："你先付 100 美元的订金就可以马上把这辆车开走。"

这就是乔·吉拉德销售秘诀之一的"现场交付"——即未付款之前先交货——让客户先开走他中意的车或拿走他想买的商品。

乔·吉拉德说："如果他没有购买的意思，就要说明原因；如果他确有买的打算，他就只有拿出钱包。也许你认为这样做有点冒险，但就我的经验来讲，这却是一个让客户无法改变主意的绝佳方法，没有比这个方法更有效的了。"

有的销售员认为，这样做客户也不一定会买，他们开一圈就会把车送回来，但乔·吉拉德却对这么做的结果胸有成竹，因为他已经掌握了对方的心理。

"尽管车子的付款及最后所有的手续都没有办理，但当客户开着车子回家，自然便以所有者的姿态展示于他妻子、邻居或工作场所的同事面前，大家都知道他已经买了新车。

"换个角度来说，我将汽车钥匙交给他，让他开好几英里的路程回家，在交易尚未完成之前，他或许会连开两三天，而这个时候，他真会认为我是好意地让他开新车吗？他会开着仍不属于自己所有的车子，跑了 100 英里或 150 英里而丝毫不觉得对我有任何的义务吗？

"说得更明白些，他总不至于开着实际上仍不是自己的车子，到其他经销商那儿去买更便宜的车子吧！"

事实上，乔·吉拉德百试不爽，没有把车还回来的客户。

这个方法用在其他商品的销售上效果同样好。

让顾客交付小额定金

顾客常用的一种托词是，他得回家和爱人商量商量。

遇到这种情形该怎么办呢？

乔·吉拉德会说："那我们先看看订单。来，请在这儿签个名，我需要 100 元钱作为定金。"

如果感觉他是那种有大男子主义倾向的人，乔·吉拉德则会补充说："像你这样能够独立做主的人不多了，现在很多男人都是让太太决定一切。"

如果客户坚持要先跟太太商量一下的话，乔·吉拉德则会说："好吧，不过，咱们先把订单签了，然后您回家给太太讲一下，要是她反对的话，您可以把定金拿回去。"

在大多数情况下，这种交易都能顺利成交。

避免这种借口最好的办法就是搞清楚谁是真正的决策人，或者鼓动在场的人自己做主。

成交时，要说服客户现在就采取行动，拖延成交就可能失去成交机会。一句推销格言就是：今天的订单就在眼前，明天的订单远在天边。

降低购买的风险门槛

当购买行为会承担较大的社会评价风险、健康风险、财务风险、功能风险时，顾客会倾向于复杂购买决策行为。比如买房、买车、买智能手机等，这时候顾客愿意投入时间，货比三家。

比如，有些人是 IOS 系统的果粉，有些却是安卓阵营的铁粉。大部分人除了财务预算，还会根据自己的社会评价决定选择哪一款手机。国外曾有一项研究报告显示，苹果手机的拥趸是"30~50 岁的人，富有、受过良好教育、渴望权力、过分成就导向、圆滑、不友善和不利他的程度是普通人的 6 倍"。相较于安卓手机的用户，苹果手机的拥趸，往往会被贴上"自私的精英"标签。尽管这种观点有些刻薄，却能给销售员一些启发。

销售员在介绍时，可以指出"某某"使用的就是这个牌子的手机，打消顾客的顾虑。

这个策略在销售其他产品时也很有效。多年来，顶尖销售员贝特格养成了一个习惯——把投保人签了字的保险单复印一份，放在文件夹里。每次在与新客户谈话结束时，贝特格都会把那些保险单复印件拿出来给他看。

如果客户还在犹豫，他会说："先生，也许我的话有失偏颇，所以，请您听听其他参保人的意见。"然后，贝特格会接通一位"证人"的电话，让客户与"证人"交谈。"证人"是他从复印材料里挑出来的，可能是客户的朋友或邻居。这种方法百试不爽。

买房这件事与健康风险有关。家里有儿童的家庭，更在意房子的装修安全等因素，如果能在这方面给顾客以承诺，打消顾客的安全顾虑，则成交概率会大大提升。

再比如买车，顾客可能很在意某个功能，这个时候，销售员应重点介绍带有该功能的、消费者可能购买的车型。

此外，还有财务风险，比如客户对某一栋房子的财务承受能力，有没有优惠的银行贷款渠道等，都是顾客特别在意的环节。

销售员可以从这些点上降低顾客的风险门槛，以利于成交。

第 9 章 动机法则

——理解顾客的期望、情感与梦想

人们买的不是货品，而是他们的期望。

——西奥多·莱维特

一个人不会为了看时间买一块名牌手表，也不会为了装东西而买一个奢侈的提包，更不会为了赶路，特意买一辆豪华 SUV。

顶尖销售都明白，牛排卖的不是蛋白质，而是煎牛排的吱吱声；香槟卖的不是酒精本身，而是杯中曼妙翻腾的气泡；咖啡卖的不是咖啡因，而是弥漫在空气中的醇香；保险卖的不是保费，而是责任感与安全感。

理解顾客的期望、情感和梦想，销售的策略才会游刃有余、高屋建瓴。把握客户的动机，是提供个性化服务的前提。

着眼于客户购买动机

某富翁娶妻，有三个人选，富翁给了三个女孩各一千元，请她们把房间装满。

女孩 A 买了很多棉花，装满房间的 1/2。

女孩 B 买了很多气球，装满房间 3/4。

女孩 C 买了蜡烛，让光充满房间。

最终，富翁选了最性感的那个。

这个故事告诉我们说，客户口中的需求未必是真的，从客户的购买动机着眼，才能真正把握客户需求。发现客户的购买动机，能够大幅度提高销售成交的概率。

今天，50 元钱就能买到一块物美价廉计时准确的手表，所以销售一块标价为 10 万元的手表不是因为它能显示时间。

顾客之所以会购买名牌手表的真正动机，并不在于看时间，而是因为他喜欢手表戴在手腕上的感觉。

让我们以卖场里的吸尘器为例，顾客购买它的动机是什么？

不是价格，而是减轻疲劳！

不是构造，而是省力！

不是发动机，而是舒适！

一台吸尘器便于操作，既卫生又省力，让室内常保持清洁，这就是顾客购买它的动机，也就是"牛排的吱吱声"，而价格、构造和原件只是"牛排"而已。

每种购买动机都对应一种"需求层次"

需求层次论是由美籍犹太裔心理学家亚伯拉罕·马斯洛在其 1943 年所写的《人类激励理论》的论文中提出的。

在这篇论文中，马斯洛将人类的需求像阶梯一样从低到高按层次分为五种，分别是：生理需求、安全需求、社交需求、尊重需求和自我实现需求。后来营销学者对该理论进行修改，用于解释消费动机，比如：

· 业余爱好、旅游和教育等，对应着自我实现需求；

· 汽车、家具、信用卡等对应着尊重需求；

· 服装、装饰品等对应着归属需求；

· 酒吧、饮料等对应着社交需求；

· 退休保险等对应着安全需求。

当然，用需求层次论去解释人的动机，并不具有清晰的一一对应关系。比如，同样是在自家菜园的园艺活动，完全可以给出不同的解释：

· 生理需求：耕种可以收获蔬菜和果实。

· 安全需求：自己种的菜感觉更安全。

· 社交：我可以和邻居分享劳动成果。

· 尊重：我可以创造美的东西。

· 自我实现：身处菜园带给我安宁的感觉。

马斯洛的需求层次理论可以推导出一个结论，同样一件产品可以满足多种不同的需要。购买同一件商品，消费者的动机是不尽相同的。比如，顾客购买一块名表，可能是出于尊重的需求为自己添置，也可能是出于社交的需求，作为一种礼品购置。所以，顶尖销售善于在闲谈中发现顾客的真实购买动机，进而调整沟通方式。

心理暗示会触发不同的购买动机

消费者还存在着更深层的购买动机。

俄国心理学家巴甫洛夫认为：暗示是人类最简单、最典型的条件反射。

著名广告人奥格威非常欣赏的一则介绍防脱发绵羊油的广告文案：你可见过没毛的绵羊？

英国作家索利恩所著的心理小说《新鲜空气》中讲述了这样一个故事：

主人公威尔逊喜欢新鲜空气的程度，无人能及。一年冬天，他到芬兰的一家高级旅馆住宿。那年冬天奇冷，因而窗子都关得严严实实的，以防寒流袭击。尽管房间里舒服无比，但威尔逊一想到新鲜的空气一丝都透不进来时，就非常苦恼，辗转难眠。

到了最后，他实在无法忍受，便捡起一只皮鞋朝一块玻璃样的东西砸去，听到了玻璃碎裂的声音后，他才安然进入梦乡。

第二天醒来，展现在他眼前的是完好如初的窗子和墙上破碎的镜框。

20 世纪中期，对消费者动机的研究主要是借用弗洛伊德的理论来理解产品和广告的深层含义，然而精神分析方法的阐释过度强调了潜意识动机，并且其基本观点是将不被社会接受的需要引向一种可被接受的宣泄途径。

潜意识动机	相关商品
力量、男子气概	改装车、电动工具、笨重的鞋子、玩具枪、剃须刀
安全感	家常菜、冰激凌、满抽屉整整齐齐的衬衫
道德纯洁、清洁	棉纺织品、家庭装清洁剂、沐浴
个性	美食、进口车、香烟盒、香水
地位	地毯等
女人味	蛋糕、曲奇、玩偶等
掌控	厨具、游艇、运动器材、打火机
联结	家居装饰、滑雪、早间新闻
魔法、神秘	画作（改善房间氛围）、礼物盒

我们的任何消费都有一种理由，即使有时候说不清楚这个理由是什么。那些伤不起的部门，鬼使神差驱使我们的购买动机，大部分可以用潜意识动机来解释。

购买动机是在感性的决定中体现出来的。这句话的意思是，购买决定的做出，需要遵从于那些隐藏在大脑边缘系统中的感情、本能和直觉。大脑要在事后才能对一次感性的购买做出理性的解释。在感性和理性的斗争中，感性总能笑到最后。

洞察顾客的购买"使命"

每个消费者的购买行为都是由其购买动机引发的，而动机又是由人的需要而产生的。消费者有七种典型的购买动机：

- 声誉
- 经济性
- 舒适度
- 最新技术水平
- 社交需求
- 环保
- 健康

绝大多数客户并不会依照其中一个动机来做决定。一般情况下，几个动机联合起来发挥效果，才能对购买行为起到决定性作用，即便其中往往有一两个动机是最关键的。

为了弄清楚顾客的动机，不妨询问：

- 顾客对产品有哪些期待？
- 顾客会将哪些目标与产品联系起来？
- 在购买时，哪些因素对顾客来说最重要？

通过诸如此类的问题，销售员不仅能发现客户那些比较明显的需要，还能同时解码他们隐藏的动机，即他们的需求、期望和梦想。

销售员为了确认顾客的动机，有时不妨单刀直入地询问。当然，在询问之前别忘记加一句"恕我冒昧"，以防冒犯了顾客。确认了这些隐藏的需求动机，后面的销售工作就变得简单了。

哈里本人是一名成功的销售员，他想要买一辆梦寐以求的宝马汽车犒赏自己，由于该款汽车价格昂贵，所以心存犹疑，于是，他就拉着朋友一起去店内帮他把把关。销售一见到哈里，就拿出一把钥匙过来给他，让他出去兜风，开一圈试试看。哈里却连连摇头拒绝。

汽车销售员好奇地问："为什么不能开？"

哈里："我就是干销售的，我明白自己一开，我就会买了。"

汽车销售员笑了："恕我冒昧，难道你不想买吗？"

哈里和朋友面面相觑后承认："我确实想买啊！"

销售笑道："那你还不去开一下。"

对于这辆车，哈里非常清楚它的性能、价格、优点等，他所需要的，只是一些来自外界的助力，帮他下最后的决心。

很多顾客貌似闲逛，其实是身负购买"使命"而来的，而销售的"使命"就是满足他的需要，使他爱上这款产品，促成他完成购物的使命。

第 10 章 个性法则

——洞察顾客的性格特点

当你同人打交道的时候，请记住，你并不仅仅是同一个遵循逻辑的物种交往，而是同一群有情感的生命在交往。

——戴尔·卡耐基

每一个顾客都有自己的人格特质，这决定了他们的偏好与选择倾向。快速读懂顾客的性格，有利于我们快速地投其所好，有的放矢地推荐商品。

用"大五人格"模型给用户画像

大五人格特质表是用来描述一般人格的工具，它有五个维度，构成了人格因素的基础：尽责型、外向型、开放型、亲和（宜人）型与神经质型。

	描述	测量问项示例 （同意 / 不同意）
开放型	对事务开放的态度	喜欢思考做事的新方法
尽责型	领导组织能力	时刻准备着
外向型	是否高度容忍他人带来的刺激	聚会时和很多不同的人说话
亲和 （宜人）型	对别人的尊重程度	为他人挤出时间
神经质型	能否很好地承受压力	情绪不稳定、容易沮丧

■大五人格描述

大五人格（OCEAN）是最广为接受的人格分类，可以此为指导给客户画像。

开放型客户：这种客户喜欢学习新东西，探索新鲜事物，喜欢追求智力上的提高，想象力创新创意也跟此相关。

尽责型客户：他们工作认真负责，生活严谨自律，热爱秩序，有责任心，成就动机强。这种客户购物以理性为指导，讲究理智、实际。

外向型客户：外向型客户不仅爱说话，爱社交，爱活动，爱刺激，同时也非常有主见，扮演主导的角色。外向型客户往往能跟销售人员谈得一见如故。

亲和（宜人）型客户：这种顾客态度友好、温暖，态度谦逊温和，同理心强，能照顾人的面子。和这种客户相处，最重要的是要有诚意，他也会以诚意回报你。

神经质型客户：这种客户容易紧张、焦虑、抑郁、冲动，有攻击性，情绪不太稳定等。他们一般都是急性子，和他们谈话要注意分寸。

用不同的方法服务不同性格的顾客

不同的顾客，不同的场景，需要不同的服务风格。顶尖销售善于观察并分析出这些偏好。

性格是透视一个人偏好的窗口。迈克尔·所罗门教授致力于消费者行为和消费心理研究，他对消费者的性格特质与消费者的购买行为的关系做过系统研究，下面这个表格，就是根据他的研究整理而成的。

性格特质	对消费者行为的影响
迷信	喜欢吉祥的东西，不喜欢晦气的东西
支持环保	支持资源回收，减少使用轿车，尽量使用公共交通
浪漫主义	喜欢类型电影，喜欢冒险，喜欢温暖的国家，喜欢豪华旅行
爱花钱	存不住钱，乐意负债，信用卡经常刷爆，为了享受而花钱
购物狂	享受货比三家的过程，增长很多产品知识

续表

认知需求	对文字而非图像更感兴趣，更愿意花时间阅读文字和"小字印刷的附加条款"
情感需求	对图片而非文字更感兴趣，强迫症，图像引发冲动购买
冲动	暴饮暴食时感受到快乐而非愧疚
独特性需求	总是想要鹤立鸡群的人，意见领袖，比较能够引领潮流
对人际影响敏感	容易被他人影响，在能带来社交利益如尊重时更喜欢喝酒
自我意识	在乎自己在别人面前的样子，不愿意当面直接抱怨
外向性	购买带来更多积极情感体验
神经质	不喜欢再次购买或者抱怨，无论满意水平如何

性格特质对消费者行为的影响

一个销售员在销售生涯中，他会遇到许多客户，这些客户几乎包括了各种各样性格的人。一位圣哲曾言："山不过来，我就走向山。"为什么呢？因为山是不可能调整自己顺应人的。同样，销售员也无法期盼客户主动调整他的心理、习性和原则，去顺应自己的销售风格。

品牌调性影响顾客选择

品牌的调性和顾客的性格存在着对应关系。从某种意义上说，品牌的调性就是品牌市场定位的声明。

以汽车为例，注重家庭价值的顾客，更倾向于选择定位"安全"的沃尔沃，高端商务顾客则倾向于选择定位"尊贵享受"的奔驰，而放飞自我的人更倾向于选择"路虎"。

仍以沃尔沃汽车为例，它以安全著称，但驾驶者并不认为它令人兴奋或性感。尽管沃尔沃花了很长时间努力改变自己的形象，大多数消费者还是不买账。

对于销售员来说，理解了品牌调性与顾客性格的内在联系，就可以有的放矢地向其推荐商品。

销售人员可以根据顾客性格的判断，投其所好地推荐不同品牌商品，进而提高成交概率。

假设有一个年轻人，刚参加工作，他买了一辆二手的"宝来"，这是"我已经济独立了"的情绪表达。

事业有了新突破，他买了一辆新款"宝马"，这是"天下风云出吾辈"的意气风发。

又过了几年，他结婚生子了，换了辆"沃尔沃"，因为沃尔沃据说是最安全的汽车。这其实是"我是顾家好男人"的信号传递。

又过了几年，老婆不知道为什么扔下小孩和他离婚了。他又将沃尔沃换成了红色法拉利跑车，因为法拉利代表着激情和浪漫，这是"放飞自我"的表达。

搞定"奇葩"型顾客

每个销售员都遇到过"奇葩"顾客，这里先简要介绍三种。

第一种顾客特别自恋，往往风度翩翩，很受欢迎，这种人可以称之为自恋型顾客。他们以男性为多，但是，他们也可能会存在以下表现：

· 要求别人关注其成就、财产及社会影响力。

· 觉得自己是特殊的，理应得到特殊的优待或他人的顺从。

· 操纵、剥削他人，为达到自己的目的而利用别人。

· 行为举止得当，一旦被批评，就会从魅力模式切换到霸凌模式。

· 夸大自我的成就和才能，在没有成就时，仍期望自己是优胜者。

· 幻想拥有成功、权力、才华、美丽或理想爱情等。

· 只愿意与其他特殊的或地位高的人交往。

· 缺乏同理心，不愿识别或认同他人的感受和需求。

· 常常妒忌他人，或认为他人妒忌自己，不会去欣赏他人。

· 习惯对他人评头论足，措辞尖刻，哗众取宠。

第二种顾客在行为举止上常带有挑逗性，且做作、夸张，甚至不惜装腔作势，可以称之为表演型顾客。这种人以女性为多。他们可能会存在以下表现：

· 与他人交往时，过分利用外表和行为来吸引他人注意。

· 人际关系肤浅，表面聪明、乖巧、富有魅力，实际上完全不顾他人利益。

· 以多种手段使人就范，如任性、强求、说谎欺骗、诌媚、自杀威胁等。

· 情感体验比较肤浅。轻微刺激，即有激动反应；热情有余，稳定不足。

· 具有表演才华，演技逼真。

· 言语风格，或激情洋溢，或随性潇洒，但缺乏具体细节，难以核实。

· 过分追逐新潮流、新概念、新权威，立场、态度、观点经常变化。

· 喜欢以自我为中心，将自我戏剧化为诸如"受害者""公主"之类的角色。

· 为获得注意，不惜哗众取宠、危言耸听、夸大其词，甚至掺杂幻想情节。

· 喜欢舞台化、情绪化、夸张化的表达。

· 如果不能成为众人关注的焦点，会觉得不舒服。

· 非常喜欢参加受他人赞赏、可以成为注意力中心的活动。

· 容易受暗示，喜欢把幻想当成现实。

第三种顾客特别吹毛求疵，不妨称之为完美型顾客。他
们可能存在以下表现：

必须关注细节。

常因完美主义而妨碍工作进度。

白即黑的二分法思维。

溺于细节、规则、条目、秩序、日程，常常忽略了活

度投入工作或追求业绩，以至于忽视了娱乐活动和社

正类似"正是因为杞人忧天，所以天没有塌下来"的

道德、伦理或价值观过度在意，小心谨慎和缺乏

坚定的立场、标准才能防止自己滑向懒惰、放纵、

是无法容忍的，出错就必须批评。

将任务交给他人或与他人共同工作，除非他人能按

式行事。

决策，拖延、焦虑、轻度抑郁。

察"奇葩"顾客的人格特质，才有利于我们因人

角的方法与他们接触。

第 11 章 主场法则

——营造轻松愉悦的购物氛围

人们买东西不是出自理性，而是出于感性。

——齐格·齐格勒

不论任何时空，每个逛街者光临一家店铺的潜意识动机都是相同的：想获得快乐和满足。顾客邂逅销售员时的惊喜，顾客购买到满意物品时的满足；销售员卖出商品时的喜悦……让这些幸福、积极的体验成为激励，不断优化自己的销售艺术。

可是，很多公司在派人暗访自家的店铺后，却发现很多店铺仍然存在"不好进"、对顾客有距离感，或者"销售员感觉让人难以接近"等问题。

主场，本是一支运动队在自己所在的地区与其他队伍进行比赛。本书借用这个概念，用来指代营造轻松愉悦的购买氛围。

卖场应是属于顾客的主场

卖场是为了让顾客购物而存在的，是属于顾客的主场。

"欢迎光临！喜欢的话可以试穿一下！"

店员在店铺门前"喊宾""拦截"来进行揽客的情景，至今犹存。

乍一看，店员似乎是在欢迎顾客，但实际上，在不少顾客的眼中，这样的店员就像是把客人往外轰。

因为对于许多顾客而言，促使其驻足的是店铺的氛围，或吸引自己的商品，然后才涌起想进去仔细看看的念头。

所以，当顾客的心理明明还只是处在"兴趣"阶段时，销售员就一味进行推销的话，顾客会感觉销售员是在"逼自己买"，这就会使得顾客失去进入店铺进一步了解商品的兴致。

如果店员三五成群地站在店铺入口，这种积极拉客的场面，会让顾客产生"进去会被宰一刀"的心理。

店铺的入口是顾客获取该店信息的第一个场所。

"是否值得进去看看？"

"是否是家让人舒心的店？"

诸如此类的问题，顾客都会在入口处瞬间做出判断。

作为销售员，应该在店内以"和风细雨"般不紧不慢的方式整理商品，其间时不时地向顾客投以微笑和"您好"之类

的问候语。这样轻松、自在的购物环境，才会让顾客产生身处
"主场"一般的安全感。

与主场感相对应的一个概念是客场感。当顾客需要帮助
时，他们对打断销售人员之间的个人或工作话题会感觉不安，
也可能因为被忽略而很生气。

所以，在有顾客走进来的时候，不管话题多么重要，店
员的聊天必须停止。

想象一下上次你在家里办聚会。你在和一位客人聊天，
在你视线的余光处，你看见一位朋友走进来。即使你不能从目
前的交谈中抽身，我确信，一个眼神示意，点一下头或者挥一
下手，就表示注意到了家里新客人的存在。在商场和在家里没
有什么不同。

"随便看看"意味着销售机会

作为一名顾客，对于如何跟销售人员打交道，都有不同
的偏好，

大致而言，顾客可以分为两类：一种是"希望和销售员
交流"的，另一种是"希望销售员别来打扰自己"的。

后一类顾客往往对"个人空间"比较在意，对这类顾客
而言，过分殷勤地招呼，反而是一种困扰，能让他们在店内自
由挑选，不去打扰，就是最好的服务，但对这种顾客也不能完
全置之不理，否则他们就会在需要与销售沟通时，因服务不

及时而走掉。所以，要学会兼顾客户的个人空间与服务需求，"松"与"紧"是一个需要拿捏的艺术。

有时候，顾客需要和希望身处于自由的充满个性化的购物环境；有时候，顾客又希望立刻获得帮助。

当一个顾客说完"只是随便看看"，四处逛了一会儿后，往往会在某件商品前仔细查看。这个时候，就等于释放了一个信号，让销售人员靠近。

比如服装销售员只要发现客户对架子上的某套衣服有兴趣时，可以走上前去跟客户说："我们的更衣间在那边，可以穿上试试看。"等客户换完衣服以后，就把他直接带到穿衣镜前。

当然，顾客驻足观望，也许只是在想一件别的事情。如果不会察言观色，当销售员接近一个顾客，可能会被顾客认为是冒犯了个人空间。

那么，顾客的"个人空间"在哪里呢？

通常，顾客面前的空间被认为是属于他自己的，因此销售员接近那个空间的行为会被认为是一种侵犯。

个人空间可以定义为与别人在身体上和语言上的舒适距离。对于某些人来说，他们物理上的个人空间大约是 60 厘米，但在同一个店内，与别的人保持这个个人空间可能太近了。

有时候，顾客喜欢自顾自地挑选。就算这样，也不能完全对这类顾客置之不理。

你可以从他面前穿过去，同时打招呼，或者与顾客平行行走，然后打招呼，而不要待在他正要去的方向上。

你也可以默默地关注着他，注意他对哪种商品感兴趣，但是要注意，不能直勾勾地盯着顾客。顾客如果产生一种"自己在被监视着"的感觉，就会心生不快。

此外，即便在打量商品时希望"别管我"的顾客，一旦需要销售员时，他又希望销售员立刻能体察自己的心境。如果顾客开始四处张望，就是需要销售员的一种信号。

作为销售员，就要及时回应顾客，但同时要让顾客觉得这是一种自然服务，而不要让顾客感觉到自己是被销售员一直直勾勾地盯着。

通过察言观色，顶尖销售会拥有一套多变的、适应性广的销售风格，让人觉得热情，又不过分殷勤，自然，又不失之冷淡。

换位思考，才能让人喜欢你的店

理论上讲，吸引每位顾客进门都是有成本的。举个例子，一家建材店，为了吸引顾客进门，不但要交付房租，还要打各种广告，才能把顾客吸引到你的摊位。

如果顾客只是看看就走了，再也不会来买，其实在无形中老板已经损失了一笔"引流费"。

当我们作为一名顾客的时候，有时会被问到"为什么你喜欢来这家店"。人们常常给出下列回答：

· 不知道为什么，我一到这里就感觉很舒服。

· 店员非常真诚。

· 这里的销售员记得我的名字。

· 我在这里感到比较放松，这里的销售员从不会强求我买什么。

有一家茶餐厅的老板，经常会去高级餐厅享受美食。每次都会"偷师"一些关于菜式或服务方面的新办法，然后快速运用到自家店里。

当你以顾客的身份去观察，就能发现别的店铺的优点，你可以把这些优点进行梳理，并传达给店员。

当店员由于被顾客夸奖而绽露的笑颜时，你也会让你获得感同身受的感动，而这种通过顾客视角所体会到的幸福感，正是待客创意的源泉之一。

让随便逛逛的顾客成为买家，让这些买家成为自己的"回头客"，甚至成为"粉丝"，从而形成一种良性的循环。

作为一种不怎么花费预算的方法，销售员可以在下班回家后或者休息日时，从"体验当一回顾客"的活动中受益。

如今是一个商品爆炸性增长的时代，顾客选择店铺的标准已经从商品本身转变为对于"温暖人心"的优质服务的追求。如果要买同样的东西，接受同样性质的服务，那么我会选择某某店，这便是顾客的思维方式。而作为销售员，只有切身体会这种服务所带来的美好感觉，才能在价值观层面与顾客做到一致。

让你的店铺充满快乐、平易近人

该怎样做才能让店铺变得平易近人，让顾客更加愿意光临呢？能让客户感到快乐的方法：

· 保持笑容满面，营造一种轻松的气氛。

· 尽量让笑容灿烂，感染对方。

· 要用面部表情或是手势暗示什么时候你会开怀大笑。

· 在开怀大笑之前请先低声笑，突然爆发的笑声会吓到人。

· 要适当地运用身体接触，例如友好地握一下手或轻拍一下肩（不过在运用直接身体接触的时候要谨慎）。

· 要温柔地与客户进行交谈，要让他们感到轻松自在。

此外，还可以通过为客户提供便利、贴心的服务，让顾客喜欢你的店。

博恩·崔西讲过一个故事。一次，两位六十岁左右的客户想买一种保险，他们一边仔细看着宣传单，一边嘀嘀咕咕地商量着。销售员见状，微笑着迎上去，向他们认真地介绍了各种保险的条件、金额和优惠政策。

听完销售员的介绍，两位老人还是拿不定主意，他们说想过几天再来看看。

"没关系的，这是两份保险单，你们拿回去再好好看看。"销售员把他们送出了办公室。

这时，突然下起了雨，销售员回自己的办公室拿来一把雨伞递给两位老人。

他们推辞了半天不愿接受，因为他们觉得自己没有买保险，怎么能接受人家的好处呢？

销售员看出了两位老人的心思，笑着说："买不买我们的保险没有关系，这把伞是我个人的，你们先拿去用，回头有时间顺便带过来给我就行。"

两位老人相互交换了一下眼神，接过雨伞，连声说："谢谢"。

第二天，两位老人又来了，他们不仅带回了雨伞，还带回来两份他们已经签过字的保险单。

出门看天色，进门看脸色

与顾客闲聊也是待客的一门"功课"，但偶尔会出现销售员在"逼"顾客和自己闲聊的情况。愿意闲聊和不愿闲聊的顾客，要怎样才能分辨呢？

有一位 40 多岁的男性曾经有过这样的抱怨。他是一家理发店的常客，由于信赖那家理发店的技术，他已经持续光顾十多年了。

每次进店，只要说一句"按照老样子剪"，店员就能心领神会，这点让他非常中意。但唯独有一点让他有所不满：店里的年轻理发师喜欢和客人闲聊，而他的需求却是在理发过程中闭目养神，让头脑彻底放松，什么都不想。

他希望理发师能够体察他的想法，所以理发师对他搭话时，他只是敷衍地用"嗯""哦"等简短的言语冷淡回应，但理发师却仍然自顾自地滔滔不绝。

愿意与店员闲聊的顾客会主动和店员进行眼神交流，并满脸笑容地主动提出话题，反之，不愿意与店员闲聊的顾客则会回避店员的眼神，对店员的搭话也只是敷衍回应。

要把顾客当作店里的主角，将欲取之必先予之。别把顾客逼得太紧，要给客户一个思考、做决定的空间。销售员在"能说会道"之前，必须先培养"善于聆听"的能力。要留心观察顾客的表情和态度，聆听顾客说话的语气和音调，从而揣摩顾客的心理。坚持这么做，就肯定能够渐渐对顾客的需求了如指掌。

第 12 章 剧场法则

——销售场景与销售脚本

卖场如秀场。

——史考特·葛罗斯

销售是一门艺术。销售员要像表演艺术家一样对待自己的工作。

卖场如剧场。销售员要像巨星级艺术家在登台演出前一样，事无巨细地做好前期准备工作，以保证每一场演出都尽善尽美。

销售员只有在事前做好充分的准备工作，才能够快捷有效地找到准客户，同时也保证自己在推销过程中信心百倍，于谈笑之间化解各种可能出现的波折，一步步走向成功。

设计属于你自己的开场白

开场白应该是真诚的、独特的，能够勾起顾客交流欲的。你要根据与顾客初见的不同场景，设计属于自己的开场白，或幽默，或机智，或充满关怀。

这些开场白，决定了后面销售工作的"剧情"走向。开场白务必不要谈及销售，否则就等于在额头上写了"销售员"三个字。

这些开场白，要能够有效化解客户的抵触情绪，并且最好能顺带探询出顾客的需求点在哪里。

销售前的准备工作，如同演员需要背剧本，需要酝酿情绪才能"入戏"。

很多酒吧都会提供保留原酒服务，客人如果一次无法享用完所购买的整瓶酒，那么酒吧就会为客人精心封存保留，以便下次客人光临时可以继续享用。

东京有一家酒吧，打零工的学生一族都会一边擦拭着客人所保留的原酒酒瓶，一边和同事聊天：

"某某客人最近没来光顾呢！"

"啊啊，是那位总是笑眯眯的客人吧！"

通过这样的方式，他们一边确认每瓶酒所属客人的名字，一边回想每位客人的音容笑貌。

这种方式如果换作在卖场中应用，则是销售员一边翻着记录着顾客信息的会员卡，一边在脑中让顾客的相貌与名字对应起来，并且思考该顾客下次光临时，自己该向其推荐什么商品。

正所谓"台上三分钟，台下十年功"，销售工作顺利与否，与前期的预备工作密切相关。

感激与顾客的邂逅

假如你的门店地段不错，就等于能够获得更多让顾客邂逅自家商品的机会，比如下班后顺便逛逛的顾客，随便到处看看的顾客等。

换言之，位置好的店铺具备一个容易培养自家品牌"粉丝"的环境。不管顾客是否有明确的购买目的，在任何状况或场合之下，顾客都是怀着期待之情来店的。虽然顾客的第一次来店或许是出于偶然，但如果他在你的店里反复获得了诸如"脸上不自觉地出现了笑容""获得了正能量""得到了满足"等愉悦体验的话，那么顾客自然会愿意再次光临。

如今已经不再是商品稀缺的"卖方市场"时代，无论何种商品，无论在何地，都能轻易买到手，顾客有充分的自由和权利去选择在哪家店购物。因此对店铺而言，顾客的光临其实并不是偶尔路过，而是非常有价值的邂逅。如果顾客再次光临，证明他心怀不小的期待。比如，如果有数家位置或地段及商品都类似的店铺，在不知如何选择时，顾客自然趋向于在能够获得更多幸福感及感动体验的店铺购买。顾客总是青睐待客热情体贴，且能让自己获得正能量的店铺。这个道理很简单，对于总是以发自内心的笑容欢迎和接待自己的人，肯定会有"还想再见面"的感情。店员高涨的热情、充满活力的工作状态、温暖的笑容，这些才是真正能够抓住顾客的心、让其"欲罢不能"的要素。

顾客就是朋友。著名销售员乔·吉拉德认为：把"来寻开心的客人"这句话从你的脑海中去除，因为只要你心中具有这种想法，你就无法全力从事销售工作。

二次邂逅让成交更自然

一个闲逛的顾客和一名销售员相遇，其实也是一种缘分。

但很多人对销售员有一种防卫心理，害怕他们推销一些自己不需要的商品，所以，这种缘分常常会被消解。

要化解顾客的防卫心理，就需要让自己看起来是可靠的，不带有推销意图。

有一位美国销售顾问，受恋爱关系中"制造浪漫邂逅"的启发，模拟和设计了一种销售流程，通过"二次邂逅"的方法提升成交率。所谓"邂逅"，就是不期而遇，无意中的遇见。

这种销售方法主张，销售员要让自己显得忙一些可以有效降低顾客防卫心理。

这位销售顾问假设了这样一种场景：一位顾客闲逛走

进了店里。这个时候，销售员最佳的问候方式不是"欢迎光临"，而是手里拿一件东西，比如说整理的报表之类，简单打招呼，比如微笑点头致意，或者说"你好"，然后从顾客身旁路过，在与顾客"180 度的路过"后，销售人员回头，问顾客能不能帮个忙。这个时候，顾客就会乐意和你说话。

让我们拆解这个动作，进行分析。首先，手里拿着东西，表示你在忙其他事情，你并没有刻意要卖给他东西的意图，这让顾客感到放松和心安，这个时候已经悄悄消解了顾客的防卫心理。

你的简单打招呼，让顾客和你建立了一面之缘。

当你回头和对方说话的时候，你们已经建立了"二面之缘"，算是二次邂逅了。

当他答应帮一个小忙的时候，其实已经等于建立了你们之间的关系是友善的这一信念，心理学中的"一致性"原理开始起作用。

所谓一致性，就是我们的信念以及行为在不同时间、场景下趋向于保持一致的特点。人类对"一致性"的偏爱远胜过"任意性"。这是因为，"一致性"可以让大脑的效率很高，而"任意性"则会让大脑的认知失调。

人们一旦选择了一个立场，其后续行为就会努力保持一致。心理学家在赌马者身上发现了一个有趣的现象，那就是赌马者一旦下了赌注，他们立刻对自己所买的那匹马的信心大增，尽管这批马获胜的概率一点也没有改变。

就在下注前的半分钟，他们还对下注的马匹能否获胜没有一点把握，然而下注之后，他们马上就会变得乐观起来，对自己下注的马匹信心十足。

用肢体语言强化你的口头语言

传播学家艾伯特·梅拉比安曾提出过一个沟通公式：信息的全部表达 =7% 语调 +38% 声音 +55% 肢体语言。

不仅销售员需要读懂顾客的肢体语言，顾客也需要理解销售员的肢体语言。

如果这些肢体语言表现得恰到好处，就可以助你一臂之力，总比只说几句销售台词更管用。

可以用手势说话吗？当然可以，只要你使用得当，为什么不可以呢？让你的双手活跃起来吧，用手势来向客户打招呼，一拍手，搓搓手，挥挥手——从头到尾，你的热情洋溢一定会有回报。

你可以让你的潜在客户亲自去看、去感受、去触摸、去操作，甚至去闻一闻、尝一尝你的产品，让他们体验一下真正拥有这些产品时的感受。如此一来，便可以提升他们的占有欲，进而提升成交的可能。

每一天，销售工作都是在不同场景之间切换，你必须靠"演技"来充分展示产品的价值。这不是在怂恿你做一个虚情假意的演员，而是说你需要利用肢体语言配合自己想要表达的话。

这里提供一个肢体语言的"结对子"训练法，就是两名同事，约定不用口头语言，也不用书面语言，只用眼神、表情、手势等肢体语言进行交流。这个训练法，一开始可能只会"笑场"，但随着游戏一直深入，大家可以慢慢领会到肢体语言的奥妙。一个眼神，一个微笑，一个细微的小动作，就可能决定了你的销售工作的成败。

将双臂紧紧交叉抱于胸前，是一种防御性动作，可以掩饰我们内心的恐惧。将双臂交叉抱于胸前时，你的可信度也会随之大大降低。

人们用嘴角上扬的表情来表达心中的快乐之情，与此相反，当人们不开心的时候，他们就会表现出一种嘴角下垂的不高兴的表情，也就是我们常说的撇嘴。

为了向他人表示自己的威严或者攻击性，人们常常会做出压低眉毛的动作。反之，提升眉毛的动作则是顺从谦恭的表现。

手部无意识的手势，比如用手遮住嘴巴的手势，下意识地用手遮住嘴巴，表示撒谎者试图抑制自己说出那些谎话。美国总统克林顿因性丑闻陈述证词期间，只要克林顿一撒谎，他的眉头就会在谎言出口之前不经意地微微一皱，而且每四分钟触摸一次鼻子，在陈述证词期间触摸鼻子的总数达到 26 次之多。

来者皆是客

当顾客犹豫于是否下单时，销售员的一句"很适合您哦"有时反而会让顾客心生怀疑。相反，在这种情况下，如果顾客的同伴说"挺不错的嘛"，这将会成为使顾客下决心购买的关键驱动因素。因此，销售员要重视顾客的同伴，要努力与其进行顺畅的交流和沟通。

当品牌总部以两人一组的方式对各下属店铺进行暗访式检查时，会发现不少销售员都存在一个问题——对扮演购物者的检查人员面带笑容地礼貌接待，对扮演同伴的检查人员却敷衍应付。作为销售员，必须明白"来者皆是客"的道理，要对顾客平等对待。

比如，在一对情侣光顾的情况下，女方在试衣间时，等待的男方往往会感觉不太自在。这时，如果销售员能以"二位穿得都好时尚啊"之类的话语和男方聊天，那么等于在夸奖顾客（女方）穿着的同时，也夸奖了作为顾客同伴（男方）的品位。

而在女方从试衣间穿好衣服出来时，销售员也可以询问一下顾客同伴（男方）的意见，从而让男方消除那种"被孤立"的感觉，让他也能够参与到这次购买行为中来。

过客亦是客

传单不应该是散出去的，而是恭敬地递出去的。

现在，很多门店会通过赠送小礼品，鼓励来往的过客扫码关注自家的公众号，通过互联网实现与潜在顾客的联结。

此外，还有一种古老的方法，就是向来往的过客派发传单，这是一种强调商品有 ×× 等作用的"你知道吗"型传单。写着商品性能以及商品故事的"你知道吗"传单，用于向来店客人说明商品的特点和作用，帮助销售员说服顾客购买商品。

还有一种强调低价、减价的"快来买吧"传单，最突出的信息是价格，通常字体很大很显眼，用于吸引顾客到店。

也许有很多人觉得传单散出去就行了，但事实上告诉顾客商品有什么作用之类信息的"你知道吗"传单，是绝对不能很随意地散出去的。

原因就是，不管是什么，如果被很随意地散出去，再好的东西也会立刻掉价。正确的做法应该是将传单一张一张地、恭敬地递出去。

要注意不要很唐突地直接递传单给顾客，而是发现有在挑选商品的顾客时，一边从顾客面前经过，一边问候：

"你好，欢迎光临！"

然后径直走开，十秒以后再回来走到顾客面前，递出传单：

"您好，请参考。"

从顾客面前经过，只是问候一下，顾客就会对你留下一定的印象，觉得你不会强行卖东西给他。一段时间后再出来，顾客就不会有很强的戒备心，打招呼也愿意回应，递传单也比较愿意接。

通过这样的方法递传单，顾客就会一边心里说"谢谢"，一边萌发出"这是什么啊"的好奇心。

在递传单的时候一定要注意观察顾客的表情。如果顾客流露出对商品感兴趣的表情，你就说："传单上介绍的商品在这边。"然后把顾客领过去，开始介绍商品。

发传单的位置也很有讲究，要想提高顾客接传单的概率，还需要注意一点，那就是不要在顾客的行动范围被限制得很小的地方发传单，比如公交车上下车处、电车检票口、电梯升降口旁边等狭小的空间。在这样的地方发传单，看似人很多发起来效率很高，其实效率很低。

因为在上述狭小空间的地方，人们进出的空间被限制得很小，大家通过时，精神都是高度紧张的，根本没有工夫去接传单。

如果不给予顾客接还是不接传单的"选择权"，顾客就会觉得很烦，即便接过传单，这传单也极可能被扔进垃圾桶。所以，选择那种如果顾客不想接传单可以从旁边走开的地方发传单的话，效果会更好。

　　比如在电梯升降处，不要贴着电梯口，在离电梯口 90 厘米远的地方发传单就行。

　　要注意观察顾客的通行线路，地域不同、电梯不同的时候，人们通行的路线也不同。

　　在发放传单的时候，一定要好好观察顾客的通行线路。

　　人都是尽量走最短的距离，理解了这一点后，再来思考该把传单放在什么位置，才能吸引到顾客。

第 13 章 气场法则

——启动顾客的积极情绪

一滴蜜所捉的苍蝇，比一加仑毒汁所捉到的更多。

——亚伯拉罕·林肯

顶尖销售会有意无意地使用语言信号、非语言信号和知觉信号，让整个店铺内洋溢着快乐的氛围，营造一种积极的"气场"。

这种积极的气场中，顾客的情绪也将会被感染，成交概率将大大提高。"一滴蜜所捉的苍蝇，比一加仑毒汁所捉到的更多。"这句古老格言是说，营造积极气场，是促成交易的最佳手段。

"比客户正式一点点"的穿衣法则

衣着也是营造"气场"的重要环节。著名的保险销售员原一平刚开始从事推销时，每天穿着一件夹克去拜访客户，结果一个月过去了，鞋子磨破了两双，他还是没有签到一份订单。后来，他改变了穿着，每天穿西装打领带拜访客户，不到两天，就签了好几份订单。这个例子充分证明了衣着对销售员来说，有非常重要的作用。

销售员西装革履公文包，能体现公司形象，在任何时候都是不错的选择，但是，穿衣的第一法则是"合群"，要看被拜访的对象怎么穿，如果双方着装反差太大反而会使对方不自在，无形中拉开了双方的距离。

如建材销售员经常要拜访设计师和总包施工管理人员，前者当然要衬衫领带以表现你专业形象；后者若同样着装则有些不妥，因为施工工地环境所限，工作人员不可能讲究着装，如果你穿太好的衣服跑工地，不要说与客户交谈，可能连办公室里坐的地方都难找。

还有些身穿成套名牌服装的销售员，打着名家特别设计的领带，举手抬腕之间，名牌手表明光闪闪，配着引人注目的流行艺术图案袖扣……如果你的客户也是这种穿衣风格的话，这么打扮其实也不是不可以，就怕你的客户是一个衣着朴素的群体，打扮过了头的销售员，会使客户觉得自己矮了一大截，难免心生排斥。

专家认为，最好的着装方案是"客户 +1"，只比客户穿得好那么"一点点"，既能体现对客户的尊重，又不会拉开双方的距离，令客户感到亲近。

尽管我们一再教育或被教育看人不要单看外表，但不可否认的是我们与人打交道时——特别是初次见面，对方的外表对我们交往的顺利与否起着巨大的作用。外表体面的销售员，卖的商品应该也不错——每个客户都会这么想！门开时，如进来的是个穿着随便的邋遢家伙，自然不会有人相信他会有什么宝物。一般状况正是如此，就算是有例外也一样，因为例外正好证明规律的存在。

请他人帮助检视服装打扮

你的衣着是否得体？请借用他人的脑与眼来评判。

所谓"他人的脑"，是指关于服装等流行相关的品位与知识。

对流行非常敏感、对自己的品位也很有自信的人毕竟是少数，大多数的人都对流行一知半解。

所以，我们要从头学习这类知识？那未免太不实际。关于流行、服装打扮，那是一个深不见底的领域。因此，最简单易行的办法就是借用他人的知识。

购买西装及衬衫时，可以向店员询问诸如此类的细微问题，如：

· 什么样的西装能修饰体型。

· 什么样式的领带配什么颜色的衬衫，会给人何种印象。

·该如何搭配目前拥有的服装才合宜。

另外，"他人的眼"就是请别人检视自己的服装，并询问对方的想法，说起来，似乎比较接近借用他人的品位。

自己觉得适合，询问旁人却得到相反答案的例子不胜枚举。遇到这种情形，朋友的评价通常比较接近事实，毕竟人都是主观的。

所以，关于服装、发型的要素，活用他人的眼睛非常有效。

可以询问家人的意见，也可以请公司同事帮忙鉴定，可以综合听取多数人的意见，避免品味有偏差。

我们可以通过梳洗仪式提振自己的信心

我们每个人都有自己的梳洗仪式，这些可以帮助我们从个人自我过渡到公众自我。梳洗仪式有助于"洗刷"我们的不净，比如昨夜的宿醉，更重要的是可以在我们面对顾客之前激发我们的信心。简略地介绍一下销售员合体适宜的穿着打扮原则，有志于成为顶级销售员的朋友，可以在此基础上进一步研究。

衬衫、领带：每天要更换衬衫，注意袖口及领口是否有污垢；衬衫颜色必须要和西装、领带协调。

西装：西装最好和西装裤同一颜色，把西装的第一个纽扣扣住，西装上口袋不要插笔，两侧口袋注意不要因放香烟、打火机而鼓出来。

鞋袜：鞋袜要搭配得当，不要太华丽；鞋子要干净，鞋子若沾上泥土去拜访客户是相当失礼的。

头发：一流的销售员必有一头梳洗整洁的头发，头发最能表现出一个人的精神。

耳：耳朵内须清洗干净，不要有耳垢。

眼：眼屎绝不可留在眼角上。

鼻：照镜子时要注意鼻毛是否露出鼻孔。

口：牙齿要刷洁白，口中不可残留异味。

胡子：胡子要刮干净或修整齐。

手：指甲要修剪整齐，手要保持清洁。手脏的话，你握着的任何商品都会被贬低价值。

发出带着笑容的声音

西谚云：声音是裸露的灵魂。西方沟通学家把声音称为"沟通中最强有力的乐器"。

美国的电话公司有个项目叫"声音的威力"，提供使用电话来推销产品的服务。在这个项目里，电话公司建议，在打电话时要保持笑容，但你的"笑容"是由声音来传达的。

俄亥俄州的辛辛那提一家 IT 公司的经理曾经就是凭着带着"笑容"的声音找到了一个适当的人选。

为了替公司找一个计算机天才，这位经理历尽波折，最后找到了一个非常好的人选。他刚从普渡大学毕业。几次电话交谈后，得知还有其他几家公司也希望他去，而且都是很有名的公司。当这位计算机天才接受这份工作时，经理真的是非常高兴。

计算机天才上班后，经理问他："为什么放弃其他的机会而选择来我们公司工作？"这位计算机天才停下来说："我想是因为其他公司的经理在电话里都是冷冰冰的，商业味很重，那使我觉得好像只是另一次的生意上的往来而已。但你的声音，听起来是带有笑容的声音，传递给我的信息就是你真的希望我能够成为你们公司的一员。你可以相信，我在听电话时也是笑着的。"

国际知名演说家金克拉说："可以毫无保留地说，最重要的销售工具之一是销售员的声音。"你不必非要做个慷慨激昂的演员，但一定要拥有恰到好处的语调，这样才能让信息传递得更顺畅，更有真情实感，更少受到外界干扰。假如你有10秒钟时间去吸引他人的注意力，必须在客户达到心理饱和状态之前的3分钟之内讲完你的故事。

如果你的声音单调乏味，即便你开场白"字字珠玑"，在10秒钟之内仅用10个字就讲出了"卖点"，同时对产品的介绍也做到了绘声绘色，还问了很多"买哪个""何时买""在哪里买""怎么买"，那也无济于事。

让表情跟得上谈话的内容

人类是依靠表情传达内心感受的动物。无论我们高兴、愤怒、期待还是渴望，完全可以借由一张脸来传达。

有一位销售经理就曾向朋友感叹："最近的年轻人真不懂礼貌。"

朋友问："是不是发生什么事情才让你这么想？"

"嗯，前阵子有家公司的销售员到我公司来。彼此虽是第一次见面，但沟通许多观念后，我发现他年纪轻轻却非常优秀，所以就称赞他'你其实很优秀'，他却板着脸回答：'不，没有那回事。'"

朋友说："原来是这样啊！"

这位销售经理说："反应真是冷淡。既然是销售员，不是该更懂事地应对吗？我明明称赞他，他却连一声谢谢都没说。"

显然，他对那位年轻业务员说"不，没有那回事"的态度仍然耿耿于怀。

那么，这位年轻业务员真的是冷淡又无礼吗？

很可能，他只是因为被称赞而不好意思罢了。

"不，没有那回事"这句回话本身并没有错，但却会因与不同的表情联系，而产生不同的解读。

产生误解的关键，在于当时他的表情过于生硬，板着脸。如果他回答的是同样一句话，配合着腼腆的笑容，那位销售经理对他的看法会完全不一样。

一个人在谈话时，表情过于丰富，可能会让人觉得狡猾、不真诚，但表情过于单一，一张"扑克脸"，也容易让人产生误解。

顶尖销售都会在谈话时注意自己表情的配合，把自己的想法会经由表情变化传达给他人。千万别用一张"扑克脸"，要设法让生动的表情与谈话内容相互配合。

让你的视线更友善

有不少销售员都曾面临商谈时不知要将视线置于何处的困扰，有些人是低头，视线朝下，而有些人却东张西望视线到处游移，这些都不好，前者会给人个性消极忧郁的感觉，而后者则让人感到不够沉着稳重。

下面提供几点建议，不妨多加参考：

与男性商谈时，视线的焦点要放在对方的鼻子附近；如果对方是已婚女性，就注视对方的嘴巴；假如是未婚的小姐，则看着对方的下巴。

视线范围也可扩大至对方的耳朵及领结附近。

聆听或说话时，可偶尔注视着对方的眼睛。

如把自己双眼视线放在对方的一只眼睛中，就会使对方产生柔和的感觉，但把双眼视线放在对方的双眼时，只有在结束商谈或有特别请求时才这么做。

能让客户感到放松的方法

· 要温柔地与客户进行交谈，要让他们感到轻松自在。

· 时时笑容满面，营造一种轻松的气氛。

· 要尽量笑得灿烂，这样你的笑容也会感染对方。

· 要用面部表情或是手势暗示什么时候你会开怀大笑。

· 在开怀大笑之前请先低声笑（猛地一声大笑会吓着客户）。

· 要适当地运用身体接触，例如友好地握一下手或轻拍一下肩（不过在运用直接身体接触的时候要谨慎）。

在门店中，销售员不宜在同一个地方停留过长时间。如果整个店铺给人一种"空气凝固"般的死气沉沉感，那么顾客就更不愿意进来了，所以要一直让顾客对店铺有一种"充满生气"的动感印象，就要让自己"动起来"。

第 14 章 信念法则

——你对产品的信心会传染给客户

商品到货币是一次惊险的跳跃。如果掉下去，那么摔碎的不仅是商品，还是商品的所有者。

——卡尔·马克思

销售具有物质和情感的双重属性。卖你自己喜欢的东西，一定会比卖你不喜欢的商品更容易。信念不是一种理性能够解释的东西，但它也不是一时的狂热，它是慢慢形成的。

化妆品生产商相信自己的产品能带给人们美丽，系统集成商相信自己能替客户解决问题，学校的老师确信国家未来的命运掌握在他们手中……这种信念与使命感，是通向卓越的必备前提。作为一名顶尖销售员，你坚信自己能带给客户什么价值？

销售员的态度会影响商品的价值

某天，一个大公司的高管，穿过熙熙攘攘的大街，走进了一家珠宝店。

他站在前厅向里望了望。玻璃橱窗里陈列着熠熠发光的钻石、红宝石、绿宝石。这些宝石都镶嵌在发光的黄金饰物里，摆放在深紫色天鹅绒布面上。

一位衣着整洁的销售员站在柜台后向他点头致意并问道："先生，您想买什么？"

"我想看看中间那枚大钻石。"顾客说道。

销售员笑了笑，走到前厅，打开了橱窗，小心翼翼地取出钻石。

然后他回到顾客身旁，把钻石放到柜台上以便顾客好好审视一番。

高管静静地端详了几秒钟，然后手托着下颌，抬头看着销售员。

"这颗钻石多少钱？"他问道。

"8200 美元。"销售员答道。

"嗯。"

这人又重新仔细将钻石查看了好几秒钟，然后，他谢过销售员，转身准备离开。

这时，一直在旁边看着的店老板走上来，说道："先生，请留步。"

这位高管听到叫声，转过身来，脸上显出迷惑的表情。

"请再看一看这颗珍贵的宝石，"店老板说道，"看得出你对这颗钻石很感兴趣。这是我们店里最好的一颗钻石，值得再好好看一看。"

店老板从销售员手中接过钻石，并拿出一块洁白的手巾，爱抚地将钻石擦得更加光亮照人，接着又从柜台下取出一块漂亮的天鹅绒垫子，将宝石摆放在上面。

"你看，这钻石多漂亮，"店老板说道，"我得说你很有眼力。这颗钻石色泽晶莹，切割精细，反射光线自然柔和，真可谓大师的完美之作。请跟我到窗边来看它在阳光下的光泽，这真是坚硬的阳光晶体。如果把它作为礼物送给心爱的人，她一定会非常喜欢的。"

高管被店老板对钻石的信心打动了，他沉思着摸了摸下巴，然后又将手套放回到柜台上说："我买下了。"

付完钱后，高管在等候店员给钻石打包期间问店老板："你知道我为什么没从销售员那儿而是从你这儿买下这颗钻石的吗？"

店老板回答道："因为我对这颗钻石充满信心，而他没有。"

这则著名的销售故事，讲的是"信心"的力量。无论你销售的是什么，你都应该喜爱你的产品，信任你的产品，这种积极的情绪会"感染"客户。

当你以"热爱"的心态对待商品，将会增加商品的价值。

如果你看自己的产品就像看自己的孩子，那怎么看怎么喜欢。喜欢自己的产品，喜欢自己的团队，那么顾客没理由不被你的这种热情所感染。

销售是信心的传递，情绪的转移

成为顶尖销售第一个信念就是确信自己能为客户提供价值，若你心中没有这种信念，你是无法成为顶尖销售的。

一个销售员对自己的产品或服务都没有信心，又怎么能让客户产生购买欲望呢？在客户喜欢上你的产品之前喜欢上自己的产品，你会取得一种势能。

要善于发现产品优点，爱上你销售的产品，并将这种"价值感"传染给你的客户。真正喜欢自己产品的销售员，会在销售中取得优势。

有一位顶尖销售，曾在一家旧货商店做过销售工作。她尝试把数量繁多的商品一件件擦得铮亮，然后按照颜色、外形和季节感重新进行整理陈列。

于是，每件商品的亮点就自然而然地呈现出来了。销售员自然也就从心底对它们产生了喜爱之情，在销售它们的时候，自然也就有了信心和底气。

比如有一个咖啡杯，随着你对它的擦拭，它给你的印象也会不断改变。你会不断发现这个咖啡杯的优点。

当你向顾客推销该咖啡杯时，自然会对它的价值了然于心。

那种发自内心的喜爱，会传染给顾客，于是，那位顾客非常有信心地买下了那个咖啡杯。

连销售员自己都产生了"想要"的感情，该商品的魅力才自然会通过销售员的表达传达到顾客心里。

不要囿于自己的成见

卖你喜欢的商品当然比卖你不喜欢的商品更容易。正如珠宝店老板售出了钻石，是因为他对所卖钻石充满了喜爱之情。

然而，仅仅这样还不够。当你能用销售你所钟爱商品的热情来销售你个人不喜欢的商品的时候，你就已经进阶为顶尖销售了。

这里有一个秘诀，就是破除成见。

日本有一位著名的女销售培训师，回忆过自己年轻时犯的一个错误。

有一年夏季，她在一家潮牌专卖店做导购。有一款 T 恤，她将自己看着顺眼的颜色的 T 恤摆在显眼处，而同款的雨蛙色的 T 恤被她摆在了最下面。

结果可想而知，同款 T 恤，其他颜色卖得都很好，独有这款雨蛙色的 T 恤被冷落，造成了积压。或许是出于好奇，还混杂着一种愧疚，这位女销售员想知道为什么设计师会把体恤设计成这个颜色。于是，她以员工优惠价格买了一件这款雨蛙色的 T 恤。

没想到当她穿上后，人显得特别精神，而事实上，这种颜色，正是设计师刻意选择的设计。

由于这位销售员在工作时穿着这种颜色的 T 恤，所以很多客人都指定要这种颜色的这款 T 恤。很快，这款雨蛙色的 T 恤卖断了货，雨蛙色成了当年的流行色。

销售热情源自对自家产品的热爱

许多新进的销售员，都充满着要一展身手的豪情壮志，很遗憾的是，半数以上经过一个月，有的甚至一到两个星期的实地推销后，沮丧就挂上他们的脸庞，意志也变得相当脆弱，当初的雄心壮志及成为一流销售员的憧憬似乎破灭了。

著名销售员齐格勒在销售厨房成套设备时，有一个同事名叫比尔，连续几个月的销售业绩都不理想。

比尔很苦恼，于是让齐格勒帮他找找问题在哪儿，可以出个主意解决一下眼前的窘况。齐格勒和比尔聊了一会儿，他就明白问题出在了什么地方。

"你说这到底是怎么回事？"比尔急切地问。

"比尔，我先问你个问题，说实话你自己觉得我们的产品怎么样？"

"你说的是什么意思？"比尔疑惑地说。

"很明显，比尔，你自己对我们的产品就缺乏信心，别人怎么可能对你销售的产品有信心呢？你在推销连自己都不相信的产品，结果当然不会好的。"

"怎么会？我始终认为我们的产品很优秀，所以才下定决心来这里从事销售工作的。我从来不否认自己推销的是全国市场上最受欢迎的厨房设备啊！"

"然而你家刚刚买的是别家公司的厨房设备啊！"

"齐格勒，其实我也想买我们公司的产品，可是，你知道最近我的汽车坏了，我的妻子住院两个星期花了一大笔钱。还有，孩子要做扁桃体手术，也需要住院治疗。我也觉得应该购买我们公司的产品，但现在还不是时候。"

"比尔，你什么时候进的这家公司？"

"五年前。"

"现在你经济比较拮据，但你前几年没有买的理由是什么？我可以告诉你，如果你这样想，那么你的客户也会有同样的想法。当客户列举他不买的理由时，你肯定是坐在那儿勉强地微笑，暗地里对自己说：'嗯，是呀，我很了解你的想法，我也是因为同样的理由没有买'。"

"那我该怎么做？"

"当客户提出没有钱而不想买的时候，你要盯着对方的眼睛说：'你现在的心情我是知道的，但是，根据我的切身体会，暂时付出一点来买这样的东西是值得的，你绝对不会后悔！'"

让顾客喜欢上自家产品的方法：

· 深入了解自家产品。

· 你对产品的喜爱，会传染给客户。

· 想象拥有自家产品后所带来的好处。

· 经常整理自家产品，让它们的优点更突出。

本能是一种自然的反应，是不打折扣的，是不需要理由的。当销售员失去了积极与热诚，犹如艺术家失去了灵感，犹如发电机失去了动力，你还能期望你能打开客户闭塞的心扉吗？

积极与热诚是会感染的，你不但能将积极、热诚传播给你的客户，同时你也能将你此刻的积极与热诚传染给下一刻的你。因此，每天早上起来的第一件事——"告诉自己积极、热诚"。

信念是依据过去的经验逐一证实的想法，这个想法越经过多次的证实，信念就越坚定。

保持热情的销售策略：

· 发现自己的热情。

· 对承诺保持热情。

· 对销售的产品充满热情。

· 对工作充满热情。

· 用你的热情促成销售。

销售和其他任何伟大的工作一样，在你尝到甜美果实，享受自得与荣耀前，路途上有许多挫折与困难需要你克服，能够伴随你克服艰辛疲惫的利器就是你自己在推销工作上所秉持的信念。

唯有信念能让你在漫长的推销生涯中有力量面对挫折，让你能以充沛的自信面对挑战，让你从推销中掌握人生的价值。技巧虽然可以帮你成为一位学有专长的专业人才，但想要成为一流，想要达到卓越，想要成为大师，凭借的不只是技巧，还有一股精神的力量，就是你的信念。

第 15 章 公正法则

——让客户感受到你的善意

销售是从关心人开始的，你只有关心客户，才能让客户对你产生亲近感。

——博恩·崔西

顶尖销售会特别在意自己与客户的关系，这是一个基本心态问题，也是销售的出发点问题。

把客户看作是平等的、彼此信任的伙伴关系，就不会以哀求者的身份参与到谈话中。顶尖销售这种胜利者的心态，首先从他们对别人真实可信的尊重中体现出来。

重建积极心态，告别职业倦怠

人际关系专家哈维·麦凯认为，成功的起点是首先要热爱自己的职业。世界著名的调查公司盖洛普对全球雇员做了一

次敬业度调查。结果表明，在大多数人心中，工作场所都是
"悲惨和绝望的黑洞"。仅有不到一半的受访者表示工作得很
快乐。

喜欢销售工作的人，比例更低。销售员的主要"心魔"
在于"习得性无助"。美国某研究机构的一项研究指出，销
售员最初的努力不成功，几乎能令一半人放弃。下面以推销
为例：

大约 48% 的销售员找过一个客户之后不干了。

大约 25% 的销售员找过两个客户之后不干了。

大约 15% 的销售员找过三个客户之后不干了。

大约 12% 的销售员找过三个客户之后继续干下去了，而
80% 的业绩是由这 12% 的营销人员创造的。

首先，销售这份工作是非常有意义的：

·能够带给客户价值和幸福。

·极具挑战性，有利于提升自我。

·可以提高一个人的综合素养，销售中需要的知识涉及消
费者心理学、营销学、组织行为学、谈判学等。

林肯总统为了对抗挫败感，会把报纸上赞扬自己的文章
做成剪报随身携带，在精神低落的时候拿出来读。同样，销售
员也要善于把自己的成绩记录下来，拍成视频、照片，写成日
记，在职业倦怠期拿出来，为自己"打气"。

对于销售人员，告别职业倦怠的另外一个重要方法是多

读一些关于成功的故事。国际知名的演说家金克拉说："成功故事会让我们产生一种情感荷载，并把那些生化元素释放到我们的血液里，让我们更富激情和活力。如果我们时常得到一定激励的话，将会使我们变得更健康、更快乐，也更有成就感。"

站在顾客立场进行销售

顶尖销售不是以推销为使命，而是以"为客户带来价值"为使命。

销售员如果太过执着于眼前的销售额，就容易采取"强硬推销"的手段，其结果是无法看清销售工作的全貌，而一味地把精力放在把手头的商品卖出去。

有一家电器公司的销售员挨家挨户推销洗衣机，当他到一户人家里，看见这户人家的太太正在用洗衣机洗衣服，就忙说："哎呀！这台洗衣机太旧了，用旧洗衣机是很费时间的，太太，该换新的啦……"

结果，不等这位销售员说完，这位太太马上产生了逆反心理，驳斥道："你在说什么啊！这台洗衣机很耐用的，到现在都没有故障，新的也不见得好到哪儿去，我才不换新的呢！"

过了几天，又有一名销售员来拜访。他说："这真是一台令人怀念的旧洗衣机，因为很耐用，所以对太太有很大的帮助。"

这位销售员先站在顾客的立场上说出她心里想说的话，使得这位太太非常高兴。于是她说："是啊！这倒是真的！我家这部洗衣机确实已经用了很久，是太旧了点，我倒想换台新的洗衣机！"

于是销售员马上拿出洗衣机的宣传小册提供给她做参考。

这种说服技巧，确实大有帮助，因为这位太太已经产生购买新洗衣机的决心。至于销售员是否能说服成功，只不过是时间长短的问题了。

著名销售专家博恩·崔西坚持一个重要的销售原则，那就是站在客户的立场上。

他经常在拜访客户时，把客户的资料全部放在他们面前，并简单地说："先生，如果我是你，我一定会这样做的。"

曾有一位先生要给他自己和太太各买一份同样的投资标的。博恩·崔西通过计算发现，购买两份单独的投资计划合计的费用要比将两份投资计划合并成一份计划的费用高得多。

第二天一上班，博恩·崔西立刻跟这位客户取得了联系，并向他说明情况。客户听后非常感激博恩·崔西，并接受了他的建议。

尽管博恩·崔西的佣金因为客户的投资额降低而减少很多，但他的这些损失却给他带来了更多的收益——多年以来，博恩·崔西从这位客户为其介绍的其他客户中得到了更多的补偿。

像顾客的亲朋好友一样去推荐商品

有时候，客户"拒绝"或"顾虑"只是委婉的说法，实际上是客户现在不准备购买的真正原因。客户所要表达的真正意思是：你还没能说服我购买。他们实际上是想获得更多的信息或承诺。所以你就要从客户的这种拒绝中去发现客户的顾虑所在，进而采用新的创意去说服客户。

所以，不要害怕客户任何形式的拒绝，只要你抓住一个关键点：

弄清客户拒绝购买的真正原因，那一切问题就会像医生找到了病因一样变得明朗起来。

人在优柔寡断的时候，是需要外力推一把才能做出选择的。

这时候，你需要推你的顾客一把，帮他做出选择。但是，话又说回来了，劝顾客买，不等于强人所难的硬性推销。强硬的推销手段，即便顾客最终购买，信赖关系也无从谈起。站在顾客的角度就能明白：顾客都希望在感觉自在轻松、能够自由挑选的店里购物。

有不少顾客之所以退货，是因为"当时销售员硬要推销这款，自己无法拒绝才买下了"。这样的难言之隐，顾客在退货时是不会告诉销售员的，但只要站在顾客的立场上换位思

考，就很容易理解顾客有多为难。只有"想顾客所想"的销售
员，才会让顾客产生"还想再打交道"的感情。

假设你已经说对自己产品的特点和价值如数家珍，而你
的顾客仍然没有表示他想要哪一个。

这个时候，不妨帮助顾客选择一件你感觉最适合他的产
品或解决方案。

这个时候，你不能为了多拿提成而向顾客推荐贵的选项，
除非这个贵的选项确实更合适，比如说顾客需要送一份重礼给
他人。

你应该像顾客的亲朋好友一样，帮顾客做出最佳选择。
如果顾客感受到你的善意，他很可能会接受你的建议。即使仍
犹疑不决，他也会有所心动。假如你推荐了一件价格更高的商
品，而顾客却说出了"不"，后面的境况基本就很尴尬了。

心态摆正，才能不卑不亢

那些卑躬屈膝，信奉"客户永远有理"的好好先生，无
法成为顶尖销售。顶尖销售展现的尊重、自信会传达给他对面
的人一个信号：我尊重您，也请您尊重我。

某外贸公司因拓展外贸业务的需要，决定向社会公开招
聘一位销售总监。经过多轮选拔，最后敲定在剩下的李甲、王
乙、张丙中间选出。最后，公司决定来一次"煮酒论英雄"：
在某酒家设宴招待三位应聘人员，通过酒宴对应聘者再次进行

筛选。

在气氛热烈的酒宴上，一些应聘者认为大局已定，思想不再设防，于是，一个真正的"自我"便赤裸裸地展现在招聘者面前。

席间，王乙出言不凡："总经理，你只要录用我，我保证让公司效益翻一番。"

张丙则显得有点儿破釜沉舟的意味："总经理，我这次是横下一条心来报名应聘的，我已向原单位辞了职，我坚信，凭我的水平，你们一定会录用我……"

唯有李甲稳座席间，在总经理的眼光问询之下缓缓说出："总经理，能结识您很荣幸，我非常愿意为贵公司效力，但如果确实因名额有限而不能被录用，我也不会气馁，我会继续奋斗，我相信，如果不能当您的助手，那我一定要成为您的对手……"

最后结局是李甲被录用。

李甲正是凭着其具备的良好职业形象，才能使招聘者确信其有足够能力胜任本职工作。职业形象的确立除了求职者的外貌、风度、个性心理特征等多种因素之外，求职者的谈吐是否得体也显得极为重要。

顶尖销售给予客户和自己的那种充满自信的尊重，会散发光芒，所以客户也会充满敬意地接待他们。这种彼此尊重让真诚的商业伙伴关系变得可能。

为顾客带来价值是销售的声誉所在

有一位销售高手，想在下属面前展露"永不言弃"的威力，所以就带着他一起去做陌生人拜访式推销。

到了门口，销售高手发现屋里人忙得不可开交不说，简直是一屋子焦灼的气氛。

叫门也没人应，一般遇到这种情况就该去别家了，但这位销售高手此时当着下属的面，为了面子也不能撤，所以又叫了一次门。

这次，门里微微传来顾客的应答声。第三次叫门，顾客还是不出来，只听对方说了一句："我现在很忙！"

叫第四次之后，销售高手直接进门，看见一位太太在蹬着缝纫机。这位太太好像在做什么兼职，看来时间紧得很，销售高手到了跟前她也不做反应，连头都不回地只知道做针线活。

销售高手以一句"那恕我失礼了"作为切入，走上前去开始介绍，但是，不管他说什么，她都只是反复说着："抱歉，我不想买。"

销售高手仍不想走，最后她终于生气了，连头都不回地爆发道："我买行了吧！行了吧！"

销售高手心头一沉，虽然客人签单了，仍感觉自己好像强买强卖了似的，有种尴尬的感觉。

一回到公司，这位销售高手就接到一个电话，拿起电话一听，是刚才那位太太来的电话。

他心怦怦直跳，心想这肯定是要退货解约才打来的。

这位太太说："刚才真对不起您了。您刚走，我丈夫就回来了，我跟他把您到家来前后如此这般一讲，他这叫一个佩服，对您是赞不绝口，说您才是真正的销售员，非要见您不可。请您有空一定再来一趟，不管怎么说，再怎么忙我也不该不听您说话呀，真是对不起您了。谢谢您，卖给我们这么好的东西。"

销售高手因客户的这个电话彻底得到了救赎。

他觉得守住了自己的名誉，因为自己从来都不是一个死皮赖脸、强买强卖的人。

如果我们不能为顾客带来价值，而是为一己私利去销售，面对顾客扯来扯去说个没完，确实很烦人。这会给人一种牵强附会、强买强卖的感觉，必然会招致顾客的厌恶。

如果是抱着为顾客着想的心态，不管说服的过程多曲折，最终也会得到顾客的认可，销售员的热心也终将打动他们。

第 16 章 提问法则

——以问题控制话题的艺术

提出正确的问题，往往等于解决了问题的大半。

——海森堡

标点符号里的"问号"像不像一个钩子？

其实，一个好问题就像是一个钩子，能让听者忍不住发言。抛出一个"钩子"，就能打开顾客的"话匣子"。在销售工作中，"说"并不能让你掌握主动权，"问"才能让你掌控进程。

顶尖销售都是善于提问的

没有最好的产品，只有最适合的产品。

只有善于提问，你才能迅速了解客户的需求和痛点。

提问可以迅速让你的产品与客户的需求建立对接。或许有人不以为然，会说：提问有什么难的。你还别说，提问还真是一门艺术。

人类历史上最著名的提问者是哲学家苏格拉底。

苏格拉底出身于雅典的一个手工业者家庭。他的父亲是雕刻匠，母亲是助产士。苏格拉底在同别人谈话、辩论、讨论问题的时候，往往采取一种特殊的形式。他不像别的智者那样，称自己知识丰富，而是说自己一无所知，对任何问题都不懂，只好把问题提出来向别人请教。但当别人回答他的问题时，苏格拉底却对别人的答案进行反驳，弄得双方矛盾百出。最后，苏格拉底通过启发，诱导别人把观点说出来，人们认为这其实是苏格拉底的观点，但苏格拉底却说这个观点不是自己的，而是对方心灵中本来就有的，只是由于肉体的阻碍，才未能明确显现出来。他的作用，不过是通过提问帮助对方把观点明确而已。苏格拉底把最后这个至关重要的环节，形象地称之为"精神助产术"。

销售员所提的问题，常见有两个错误：一是所问的问题过于庞大，让话题天马行空，偏离了正题。另一种是所问的问题过于私人，让客户难以启齿，销售以尴尬收场。销售员所提的问题只有恰到好处，才能"助产"出客户内心的真正想法。可以毫不夸张地说，顶尖销售都是善于提问的高手。

开放式提问鼓励表达，封闭式提问收窄话题

17 世纪的德国，皇室成员威廉一天晚上被一伙盗贼吵醒。

盗贼成功地盗取了许多奇珍异宝，威廉眼睁睁看着这一切，却一句话也没说。

第二天早上，盗贼已经离开，威廉仍一言不发。

答案其实非常简单，但人们心里已经用封闭式提问将正确答案排除在外了，比如：他是盲人吗？他是哑巴吗？因为他很恐惧，等等。

其实，只要一个开放式提问，答案很快会显现。

比如：能说说威廉是一个什么样的人吗？

好吧，其实威廉是一个只有 9 个月大的婴儿。

所谓开放式提问，是指提出比较概括、广泛、范围较大的问题，对回答的内容限制不严格，给对方以充分自由发挥的空间。

开放式提问法能让客户充分发挥地阐述自己的意见，这种提问法，有利于扩大话题范围，有利于客户全面表达他的看法与想法，以利于提问者获取信息。

销售员与顾客交谈的"开场白"应该是鼓励交流的问话，所以，第一句打招呼的话最好是一个开放式提问。如果是一个幽默感的问句，就会把人逗乐，进而让人话匣子打开，滔滔不绝。

与开放式提问相反的，是封闭式提问法。封闭式提问，

是指提问者提出的问题带有预设的答案，回答者的回答不需要展开，从而使提问者可以明确某些问题。虽然通过封闭性提问你得不到富有价值的额外信息，但它是一种"收"的策略，有利于收窄话题范围，不至于让话题太天马行空。

有时候，话题会被顾客主导，聊得漫无边际。封闭式提问一般在明确问题时使用，用来澄清事实，获取重点，缩小讨论范围，比如让客户针对某个主题明确地回答"是"或"不是"。

开放式提问	封闭式提问
你喜欢什么颜色？	你喜欢黑色还是红色？
想喝点什么？	喝啤酒还是可乐？
你要买什么风格的服装？	你要买正装还是休闲装？
旅行中最重要的问题是什么？	您是否认为安全是旅行中最重要的问题？

开放式问题常常运用包括"什么""怎么""为什么"等词在内的语句发问。封闭式提问所提出的问题经常使用"是不是""对不对""要不要""有没有"的语句，而回答也只能回答"是""否"等答案。

通过封闭式提问收回话题控制权，还有一个小技巧，可以用无伤大雅的小意外，比如手里东西掉地上了，迫使对方住嘴，然后抢回话题控制权。

有一本介绍如何接待一大批来访者的书。书中介绍了一种技法就是利用断续意外的响声可打断思路这一常识来制止多知的人。来访者人多事杂时，为了保证每个人都有时间自由地发展意见，就有必要阻止那些在无形中夺去他人言谈机会的喜欢显示口才的人。

为此，在接待的准备阶段，就要注意到这类总想自我表现一番而滔滔不绝的人，给他安排到接待者邻座上。他说话时视线难以与接待者相遇，无形中给他一种被主持人冷落的感觉，讲话自然兴头会少些。一旦他开始了表演，卖弄口舌，接待者就会有意把一块硬币扔到地板上。

听到硬币碰到地面时的声音，就连再自以为是、巧言善辩者也会一时失措，把话头停下。会议主持人会不失时机地把话题转到别的方面或转向其他人。我们在会议桌旁时常会看到这类实践者，在对手讲话时插话说："是那么回事，不过……"巧妙地把话题收回来。

谁发问，谁就能获得话题主导权

你若想获得谈话的主导权，就应该向客户提问，因为谁发问，谁就能获得话题主导权。

在提问时，要注意微笑。你的情绪是可以传染给客户的，客户也愿意被有好心情的销售员所引导。

不妨用幽默感为自己加分吧！销售员如果能让客户的嘴

角露出笑容，甚至让客户笑出声来，那他已经成功地提升了自己的亲和力。

对销售员来说，提问还有其诸多益处：

通过提问，销售员不仅可以获得关于客户需求的真实想法，还可以调动客户情绪，让他们变得更兴奋，并邀请客户加入到交流中来；提问还可以促进对话，预防误解，让销售员得到客户的赞同，引导客户完成交易，并帮助双方拉近距离，建立信任，增加好感，搭建私人关系。

简而言之，提问是销售员最完美的交流工具。

"提问"比"陈述"更能达到想要的效果，比如："用这款软件，您可以加快生产进度。"

销售员如果这么说，客户的逆反心理就起来了，他会想："你怎么能了解我们的生产进度？"

和乏味的空头承诺相比，提问作为交流工具，在产品价值论证过程中更有"挖掘"的意义。

比如，你可以这样提问："如果要用新软件，您希望它能带来哪些积极的效果？"

通过一个简单的问题，顾客不由自主地会去主动发现你的产品优点。

当你以直接、自信、毫不迟疑地姿态，提出简洁、清晰并中肯的问题，这样你就可以解锁客户的信息，而你正需要这些信息，让自己在论证客户利益时显得更有说服力。顶级销售明白，想要引导客户完成交易，熟练掌握提问技巧是必不可少的。

开放性问题的答案，能提供的信息量尤其大，请用积极的语气描述这类问题。

"为什么您当时没有签订包含全部服务项目的租赁合同？""如果您（公司）将来有一支高档的车队，您将获得哪些优势呢？"和第一个问题相比，第二个效果会更好。

要慎用封闭式提问，如"周三九点钟您有空吗"这类问句，客户可以用"有"或"没有"来回答，而一旦"不"字出现，那下一个"不"字很快就会到来。

做出拒绝，对你的谈话伙伴而言更容易一些。说"不"，是购买者和决策者体内的条件反射，它是基因决定的，并可以随时被触发。

所以，做出封闭式提问时，要选择一种让你的客户只能说"是"的描述方法。

对于欠考虑的选择性问题，客户是反感的。放聪明一些，把问题提得更巧妙些。例如约定时间时，你可以先推荐一个日期（比如，"周三您方便吗？"）然后再来缩短这个时间。您可以提出两个具体的时刻，并将你更喜欢的那个放到后面。借助这类考虑周全的选择性问题，你已经提前为自己安排了两套合适的方案，并让你的谈话伙伴觉得，决定是由他做出的。

另外，还可以使用激励性问题，比如，"您作为专家会如何评价？"一方面强调了客户的自尊，另一方面也在鼓励他积极表达自己的立场。这又给了你一次机会，来辨别并弱化那些客户将来可能提出的异议或保留条件。类似"问题的关键是什么？在我看来……"这种能够推动客户与您共同思考和行动的问题，也是激励性问题的一种。

最后，你还可以使用验证性问题。你可以检验客户是不是还跟着你的思路，比如，"您是这么设想的吗？"或者"您是这个意思？"等。

第 17 章 促单法则

——催化成交的方程式

销售是一项目的性很强的活动，最后的目的直指成交，但是成交前的过程却不管你采取怎样的战术，间接靠近、正面突破，只要对你的成交有利，你采取的就是最有效的手段。

——柴田和子

如果你没有向客户提出成交要求，就好像你瞄准了目标却没有扣动扳机。成交建议是向合适的客户在合适的时间提出合适的解决方案。

如果销售代表不能让客户签订单，产品知识、销售技巧都毫无意义。不成交，就没有销售，就这么简单。

成交之前，一切为零

对于销售的成交，不可操之过急，但也不要慢条斯理。

所谓促单，就是"临门一脚，促其成单"。

顾客犹豫不决时，常说的一句话是：再考虑考虑。

有一次，一对夫妇来到乔·吉拉德的车行看车。

"你们好，选中自己喜欢的车了吗？"乔·吉拉德热情地上前问道。

"我们还需要考虑考虑。"

"你们知道吗？我跟我太太也和你们两位一样。"

"一样？那怎么会呢？"

"在决定为家里添置大件前，我跟我太太也是常常需要商量半天，思前想后，怕买了不如意的产品，怕花了冤枉钱，怕自己对产品了解得不够而上了销售员的当。也正因为这样，我在做销售时，不能让我的客户感受到任何强迫，我要给客户充分考虑的时间。说实话，如果不这样的话，我宁可不和你们做生意。当然，请别误会，我真的很想同你们合作，但对我来说，更重要的是，你们在离开时能够有一种好心情、好感觉。"

"先生，我们很高兴你这么想。不错，我们从不向那种企图强求的销售员购买任何东西。"

"没错，那二位再好好想一想。要是需要的话，请叫我一声，我随时恭候。"

然后，乔·吉拉德就闭上嘴，回到他自己的办公室，静静地等待。

十多分钟后，乔·吉拉德从办公室出来对他们说："我刚刚得知，我们的服务部最迟今天下午就能把你们的车预备好。"

"我们想明天再来。"

"明天？"乔·吉拉德笑了笑，"如果你们确实拿不定主意的话，可以多考虑考虑。我们都是干脆人，很快就会下决定的，对不对？"

"对，我们买了。"夫妇二人当即拍了板。

只有成交，才算真正卖出商品。而成交的机会往往是一纵即逝，必须迅速、准确判断，细心留意，以免错失良机，更应努力创造机会。

成交规则第一条：要求客户购买。然而，大部分的销售代表没有与客户达成交易的原因就是，没有向客户提出成交要求。

有时候，顾客的态度是举棋不定的。这个时候，销售可以恰当的方法帮助顾客做出购买的决定，这就是促单。它是销售工作中非常重要的一个环节。偶尔，你要将客户逼一逼，但又不能逼得太紧，要逼得合理、得体，让顾客无从拒绝。

不妨假定已经成交

假定成交，又叫假设成交，也有人称这种销售法为"洗脑式逼单"，一般是通过问题来实现，比如：

"您希望我们的工程师什么时候给您上门安装？"

"您觉得什么样的价格合理呢？您出个价。"

"请问您买几件？"

乔·吉拉德有句名言：当我站在一个即将听我做销售展示的温暖身躯前，我就假定自己会做成这笔生意。

乔·吉拉德始终怀有一个信念：他相信，这一位客户肯定是要购买他的车子的。他会把假定成交从头至尾贯穿于销售的始终。

在推销的过程中，他通常会对客户说，"恭喜您做出了明智的决定"，"我会把发票寄给您，说一下地址好吗"之类的话，而且，在他认为适当的时机，会对客户说："请您在这里签一下名，好吗？"

如果客户还没有做好决定，不签单，这个时候，他会继续寻找机会，对客户说："星期一之前，我准备好车子，您上午九点来取车，好吗？""要不要我帮您涂防晒漆？"这些问题，只要客户回答了其中一条，他就会马上再次把单子递上去，指给他签名的位置。

"我只是随便看看。"当客户说这种话的时候，著名销售员乔·吉拉德会问他愿意购买什么样的车。无论他说出哪种品牌或车型——福特、克莱斯勒、大众或奥迪。

乔·吉拉德都预先备有完整的资料。他收集、汇编了各家汽车公司负面消息的剪报。

比如说，顾客说自己想买一辆奥迪汽车。这时候，乔·吉拉德会取出一份奥迪方面的资料递给客户说："请看一看这份东西，我一会儿就回来。"

然后，乔·吉拉德就若无其事地走了出去。这几十篇文章全是抱怨奥迪车性能很差的文章，比如刹车失灵、变速器容易坏之类。

过了一会儿，乔·吉拉德回到房间说："先生，您在想什么？要不要再看三份有关奥迪的报道？"

"来吧，在这儿签上您的大名。我这样做可能就是救了您一命。"随后他把一张订单递给顾客。顾客竟然像个听话的小学生般在订单上签下了自己的名字。

如果顾客说"我先看看材料再说。"乔·吉拉德一般会对持这种态度的客户说："好吧，我很高兴为您提供一些介绍我们汽车的小册子，要是有朋友问起您开的这辆漂亮新车是在哪儿买的，我请您把这些材料拿给他们看看。"

这句话实际上是在假设销售成功，并且暗示客户不要放弃做出购买决定。

如果顾客说："乔，我还拿不定主意，我可不可以先把小册子带回家再看看。"

遇到这类客户，乔·吉拉德会说："要是小册子能代替我办事的话，我就该失业了。如果您现在有什么不清楚的地方，我就在这儿等着您提问。告诉我，您到底有哪一点不明白？"

如果对方提不出一项具体的异议，乔·吉拉德就会再次说服他购买。"我本想买辆四门的……"

很多时候，当乔·吉拉德说库里只剩下双门型的车之后，客户说他只喜欢四门的。

"我打赌，要是我们还有的话，您一定会当场决定买下来，对吧？"

"是的，我会。"客户以为自己的借口得逞了。

"啊！我今天真是犯糊涂了。"乔·吉拉德会猛地一拍脑袋，恍然大悟地说，"我忘了我们和本市另外四家汽车经销店还有合作协议呢。请给我五分钟时间，我会拿到您想要的车。"

说完，乔·吉拉德不等他开口就转身跑去给别的同行打电话去了。

证明最低价是打动顾客的"必杀技"

对于那些喜欢讨价还价的"价格驱动型顾客"，有一种"必杀技"，就是证明给他看这个价格已经是最低了，这个时候成交概率就会大大提升。

如果你给出的价格已经是最低了，顾客仍想要更低的价格。

最好的方法不是生硬地告诉顾客，"不，我们不降价"，因为这会让那些以讨价还价为乐趣的顾客感到很受挫折，甚至可能因此再也不会光顾你的生意了。

你可以仪式性地向经理请示能否再给点优惠，来安抚这种顾客。

即使你明明知道自己这么做也是徒劳，你要让他觉得你正在尽力争取最低的价格。

要让他感到你的认真，尽管最后你没能争取到顾客想要的优惠，但顾客却可能因你的为他争取优惠的行为而感动，进而确信这真的就是最低价，从而下了购买的决心。

承诺和一致性原理会让客户履约

承诺和一致性原理是由《影响力》作者罗伯特·西奥迪尼博士提出，它其实是由内外两重心理机制构成。

承诺是一种外部的锁定。当我们言行不一时，我们会受到社会和道德的谴责。现在很多电商会引导顾客"打五星"好评，甚至写吹捧性留言，并承诺给予事后优惠。

当顾客为了蝇头小利点赞后，其实就相当于公开为这个商家做了"信用背书"。除非商品质量真的很差，顾客不再会去"黑"这个商家，否则就是自打耳光。

一致性是一种内部的锁定。我们喜爱一致性远胜过任意性。这是因为，一致性可以让大脑产生高效性，任意性则会让大脑的认知失调。

行为会改变人的观念。著名的"富兰克林向政敌借书赢得支持"，其实也是一致性在起作用。

一天，一位提着公文包的男士来车行看车。当乔·吉拉德觉得他看中了其中的一部车时，迎上去与他洽谈。

"我今天只是随便看看，没带钱。"他说。

"先生，没有问题，我和您一样，出门也总是忘带钱。"

根据经验，乔·吉拉德知道他带了钱，因为客户听乔·吉拉德那样说有种脱离困境、如释重负的感觉。

"事实上，您不需要带一分钱，有您的承诺就行。"

"请在这儿签个名。"乔·吉拉德把一张订单递到他手里，并指着需要签名的位置说。

结果，客户稍微想了一下就签下了这个单。

乔·吉拉德明白，只要有了承诺，"一致性"原理就会起作用，在大部分情况下，顾客会履行承诺。

当你在和一位顾客介绍商品的时候，另一位顾客进来了。这时，你可以继续利用这一原理，来同时服务两位顾客。

你可以问第一位顾客："能帮我一个小忙吗？"

通常，他的回答是："可以。"

"我去和另一位顾客打个招呼，我会马上回来。您可以等我一下吗？"

如果第一位顾客说"好的"，那么在某种意义上，就等于他给了你一个口头承诺。

你可以用同样的方式，让第二位顾客也做出一个口头承诺，这样你就可以招呼两位客人，而不至于因应接不暇让客人走掉。

坚持，但不要让顾客有压力

销售员如果遇到犹豫不决的顾客也是正常的，作为销售员不可以轻易放弃，也不要强势引导，建议可以先和顾客这样说，"买不买没关系"，以缓解顾客的心理压力，同时也可以给出充分理由以鼓励顾客体验，比如："就当看着玩嘛，买不买没关系的，放心，我们绝不会强迫顾客买不喜欢的东西的，您尽管放心试一试。"

有一个概念叫作"体验式销售"。体验式销售靠的就是客户的一种感觉、感受，通过你提供、展示服务的过程体验来让客户认可、接受你。

优秀的珠宝销售员会把钻戒戴在客户的手指上，然后观看她的反应。如果她喜欢这枚戒指，那么就可以按照假定成交的方式进行说服。

乔·吉拉德在推销汽车时，常常设法让客户试驾。让他们去体验驾驶新车的感觉，让他们"闻"新车的那种气味。甚至，他可以让客户先把汽车开回家。当客户对汽车产生好感之后，一般会很容易做出购买的决定。这里介绍几种促单小技巧：

·不要再向客户介绍其他型号产品。

·帮助客户缩小选择范围。

·鼓励客户进行尝试，消除心理顾虑。

·提供其他成功案例帮助客户进行比较，并且重复产品利益。

·适当地让步。

要相信，有些生意你就是做不来

销售不是一场独角戏，要与同事同心协力，与客户成为伙伴。

有时候，人和人之间是讲究"气场"和缘分的。有时候，人和人就是会"犯冲"合不来。顾客可能只是与你初次相见，却对你心存偏见。

顾客可能就是从心底莫名其妙地讨厌你，比如，你的口音让他想起去某地旅行的一段不愉快往事。

有时候，顾客就是不喜欢你的样子，因为你令他想起了某个曾经的敌人。

有时候，顾客就是不喜欢你的穿着方式，也许你太土或太"洋气"。

有时候，顾客可能会觉得你太年轻，而有时候，顾客有可能会觉得你年龄太大。

很不幸，这种诸如此类的偏见一直都存在。如果你察觉到了，那就换一个同事来。这就是所谓的移交销售——把这个客户移交给更合适的同事，自己退居二线。

第18章 连带法则

——销售是提供系统的解决方案

每当客户同意以最低价购买某种型号的车之后，我就会趁此机会再提出一些其他方案供他们选择，以期增加我的佣金。

——乔·吉拉德

连带销售，又叫附加销售，是销售中一个提升销售额的最重要技巧，是一种继续挖掘顾客潜在需求的方法。著名销售顾问杰·亚伯拉罕认为：当你完成一笔交易时，就是再多做一笔生意的大好时机，尤其是客户有很好的理由及利益向你进行包裹式的交易。如果你行事正确，提供真正的价值，有六成的客户会欣然增加交易量。

用"睡袍效应"为服务加磅

18 世纪法国有个哲学家叫丹尼斯·狄德罗。有一天，朋友送他一件质地精良、做工考究的睡袍，狄德罗非常喜欢。可他穿着华贵的睡袍在书房走来走去时，总觉得家具不是破旧不堪，就是风格不对，地毯的针脚也粗得吓人。于是，为了与睡袍配套，旧的东西先后更新，书房终于跟上了睡袍的档次。

200 多年后，美国哈佛大学经济学家朱丽叶·施罗尔在《过度消费的美国人》一书中，提出了一个新概念——"狄德罗效应"，或"配套效应"，专指人们在拥有了一件新的物品后，不断配置与其相适应的物品，以达到心理上完整的现象。

这个原理运用在销售中，就是让客户除向你购买基本商品外，再增购相配套的物品。

这天，K 君在商场选了一条价值 160 元的领带。

"先生，这条领带质量很不错。不过，您打算穿什么样的西服来配这条领带？"当 K 君正准备付款时，销售员问他。

"我有一套灰色的西服。"K 君说。

"我们这有一条非常精致的领带正好配您的灰色西服。"这名销售员边说边抽出了两条标价为 200 元的领带。

K 君也觉得不错，就收下了这两条领带。

之后，这名促销员又拿出几件与这几条领带相配的衬衣，边问 K 君的尺码，边打开包装让他试穿。

"先生，您感受一下衬衫的质地，是不是很棒？"

"是的，不过……好吧，我本来也打算买两件衬衫的。"

最终，K君买走了3条领带、2件衬衫。

那个促销员把160元的交易生生变成了1600元的交易！

对于他的推销，K君没有提出任何异议，而且是心满意足地离开了商场，因为他确实让K君买到了心满意足的商品。

这种销售方式在汽车交易中比较常见。汽车经销商除了单纯地卖车子外，大部分都提供机会让客户加码买进汽车音响、天窗、导航等各种除了基本配备之外的选项。

对于消费者而言，他买了一台车后，都会跟进采购其他设备。如果客户们无法在和汽车经销商的一次交易中取得这些附加的产品，往往就得在事后零零碎碎、很不方便地以较昂贵的价格取得这些附带的产品及服务，而这种一次买足的方式，不但完美，双方也因此受益。客户更可以获得比较好的利益或结果，而汽车商从这些加码卖出去的商品中所获得的利润，可能比卖车还多。

乔·吉拉德在做汽车销售时，也会尽量争取大额订单。"每当客户同意以最低价购买某种型号的车之后，我就会趁此机会再提出一些其他方案供他们选择，以期增加我的佣金。大多数时，我都能把一辆配置简单、甚至系统不太完善的车转化为一笔大额交易。坦白说，这么多年里，我曾无数次将小额生意转化成大额交易，而且我能肯定，其他行业的销售员也对我不止一次地运用了相同的技巧，这真是太有趣了！"

运用这种技巧，乔·吉拉德每天都能做成几笔额外的生意，很少有客户会感到生气，还会对你提供给他的周到服务表示感谢。

通过价值完整性为产品"加码"

麦当劳最初向客户提供的汉堡、可乐或别的东西都是分开卖的，后来麦当劳了解到客户们并不是为了一份汉堡及可乐，他们需要更完整的套餐。

所以，现在你在麦当劳一样地排队点餐，不仅可以点他们的套餐，包括比较大的三明治、薯条及饮料，而且再多加几块钱，客户还可以将一般套餐变成超级全餐。

一个乡下来的小伙子去应聘城里"世界最大"的"应有尽有"百货公司的销售员。老板问他："你以前做过销售员吗？"

他回答说："我以前是一名走街串巷推销的货郎。"老板喜欢他的机灵："你明天可以来上班了。明天下班的时候，我会来看一下。"

一天的光阴对这个乡下来的穷小子来说太长了，而且还有些难熬，但是年轻人还是熬到了5点，差不多该下班了。

老板真的来了，并且问他："你今天做了几单买卖？"

"一单。"年轻人回答说。

"只有一单？"老板很吃惊地说，"我们这儿的售货员一天基本上可以完成 20 到 30 单生意呢！你卖了多少钱？"

"30 万美元。"年轻人回答道。

"你怎么卖到那么多钱的？"目瞪口呆，半晌才回过神来的老板问道。

"是这样的，"乡下来的年轻人说，"一个男士进来买东西，我先卖给他一个小号的鱼钩，然后中号的鱼钩，最后大号的鱼钩。接着，我卖给他小号的鱼线，中号的鱼线，最后是大号的鱼线。我问他上哪儿钓鱼，他说海边。我建议他买条船，所以我带他到卖船的专柜，卖给他长约 6 米有两个发动机的纵帆船。然后他说他的大众牌汽车可能拖不动这么大的船，我于是带他去汽车销售区，卖给他一辆丰田新款豪华型'巡洋舰'。"

老板后退两步，几乎难以置信地问道："一个顾客仅仅来买个鱼钩，你就能卖给他这么多东西？"

"不是的，"乡下来的年轻售货员回答道，"他是来给他妻子买卫生棉的。我就告诉他'你的周末算是毁了，干吗不去钓鱼呢？'"

连带销售其实也是试探顾客态度的一种方法，是在你掌握到了顾客有购买意向时，采取的一种成交探询方法。

当你把产品展示完了以后，你总不能等着顾客自己说："我要了"吧？这个时候销售人员往往需要试探成交，那么连带销售就是最好的方法。

如果顾客看中了一张大床，但还在犹豫到底要不要买。

销售员很着急，他问顾客："这个床头柜跟这个大床特别搭，两者的结合特别完美，要不要给您把这个床头柜也一起装车上？"

顾客这时才说："床头柜就算了，把大床给我装车上吧。"

销售专家杰·亚伯拉罕认为，客户向你购买产品或服务，其真正的购买目的是结果，即这些产品和服务给他们带来的方便、安全、愉悦、经济、成就，或者只是简单的自尊感觉。

例如，有些人买相机是为了寻找能够摄下最快乐的时光，享受美丽照片的终极乐趣。买牙膏是为了自己有个更灿烂、明亮的笑容，以及少看几次牙医。

如果你明白这个道理的话，那么在每一次交易中就可以再多加些产品及服务，帮助客户达到他们想要的更方便、完整及有效率的最后结果。客户通常不会反对，甚至会对你的"周到"而心怀感激。

这就是杰·亚伯拉罕所谓的为产品和服务"加码"策略。简而言之，就是你要向客户提供更多的价值，带给客户更大的满意程度，从而造成更多的购买行为及更多的生意机会。

小额订单往往连带着大额订单

一些销售员认为拿到小额订单也等于失败，因为他们只能拿到少得可怜的佣金。

　　孤注一掷争取大额订单的做法，在有些时候还是明智的，即使它意味着"鸡飞蛋打"的风险。实际上，比起你获得大额订单的机会来说，这种风险还是值得冒的。另外，你也很少会失去最初达成的那笔小额交易。例如，在汽车生意中，当顾客同意以最低价购买某种型号的车之后，有经验的销售员会努力提出再增购一些其他配件，以期增加他的微薄佣金。大多数时候，都能把一辆装备简单的车转化为一笔大额交易。

　　日本寿险"皇帝"原一平经常获得两份保险单，而不是顾客所申请的一份。

　　他说："有一位老板决定买一份30万元的保险单，我却让他买了两份。我对他说：既然您已经顺利通过了健康检查，我就趁这个机会让我在保险业务部的一位朋友帮忙帮到底，再追加一份保险单。要是哪一天您的健康状况不尽人意时才想到再投保，那就晚了。当然，您也没有义务一定要投保，我只是觉得您实在应该买下来。结果，他答应买下来。我根本不必费时费力去推销那第二份保险单，几分钟之内，我就多拿了8000元佣金，我用这种技巧，每年都能做成几笔额外的生意，很少有人会感到生气，即使他们不同意买下第二份保险单，第一份也买了。"

　　所以在这里，只要处理得当，推销第二份保险单并不会被认为是一种施压的行为，相反顾客会认为你在为他们提供周到的服务。

第19章 交涉法则

——妥善处理客户异议

道德，最起码的就是要试图用理性指导自己的言行，也就是说，去做那些最有理由去做的事情，同时，对自己行为所影响到的每一个人都赋予同等的权重。

——詹姆斯·雷切尔斯

异议处理，也就是销售中的反对意见处理。销售工作中，出现反对意见非常正常。销售人员不应该对反对意见感觉懊恼，而是应该视解决客户的疑问为加强信任的推进器。事实上也是如此，当客户一个一个问题抛给你，你都能应付自如，那么，客户对你的信赖程度自然会逐步加深。

不过，有些反对意见是客户的习惯抵抗反应，你可以忽视；但如果是真的反对意见，你一定要注意，如果不及时解决，很多时候，顾客可能用"我想随便看看"或"我再考虑一

下"来搪塞，以掩盖真实原因，这就要求我们不能只从表面来
理解客户的异议，而要努力发现真正的异议，才能成交。

嫌货才是买货人

当客户提出抱怨时，千万不要以不清楚，不太可能吧，
别的客户都没有这种情形，我们公司保证不会发生这种事
情……消极否认的态度应对。

从另一个视角来看，异议就是机会，正所谓"嫌货才是
买货人"。找出真正的原因能缩小客户的抱怨范围，对你的销
售工作也有很大的帮助。

乔·吉拉德说："记住，如果客户把你的商品批评得一无
是处，不要认为这笔生意已经泡汤了。"

在日本被誉为"经营之神"的松下幸之助先生认为，对
于客户的抱怨不但不能厌烦，反而要当成一个好机会。

他曾经告诫部属："客户肯上门投诉，对企业而言实在是
一次难得的纠正自身失误的好机会。有许多客户买了次品或碰
到不良服务时，因怕麻烦或不好意思而不来投诉，但坏印象、
坏名声永远留在了他们的心中。

"因此，对待有抱怨的客户一定要以礼相待，耐心听取对
方的意见，并尽量使他们满意而归。即使碰到爱挑剔的客户，
也要婉转忍让，至少要在心理上给这样的客户一种如愿以偿的
感觉。如有可能，你要尽量在少受损失的前提下满足他们提出

的一些要求。假若能让鸡蛋里挑骨头的客户也满意而归，那么你将受益无穷，因为他们中会有人给你做义务宣传和义务推销。"

对于你所推荐的商品或服务，如果顾客指出了其中的负面缺陷，其实恰恰证明顾客对该商品抱有兴趣。

客户产生异议的原因，大致有以下几种：

· 不喜欢销售员。

· 情绪处于低潮。

· 借口、推托。

· 与竞争对手的关系更好。

· 不愿意承担风险或改变现状。

· 想杀价或负担不起。

· 对方案内容有误解。

· 对方案内容缺乏了解。

· 无法满足客户的需要。

· 没有看到个人利益或价值观偏离。

· 细心聆听。

有抱怨的客户才是真正有需求的客户，面对这些客户，只要你能耐心地化解他的抱怨，他就能成为你最忠诚的客户。

很多时候，在顾客的内心深处，希望销售员先以"您说得对"的言语对自己的不安心情予以体察和接受，然后再以"不过"的表述方式消除自己对该商品的负面看法。因此，作为销售员，要通过语言表达技巧来向顾客传达商品的魅力，从而引导顾客以积极正面的视角去看待商品。

某家服装店，其代理的服装品牌目标群体是以二十几岁到四十多岁的顾客为主，但事实上，前来购买的顾客年龄跨度非常广，从十几岁到八十多岁都有。

一天，一位年龄较大的顾客问销售员："这家店的衣服是面向年轻人的吧？"面对这位顾客的疑虑，销售员回答："很多年轻的女白领会买我们家的衣服，不过我们家的许多衣服都是基于简约设计，而且很多是不受流行影响的经典款，所以爱穿我们家衣服的顾客是涵盖各个年龄层的。请您也随便看看，挑选一下。"

对于怀揣不安的顾客，他们的异议其实是想获得安抚。这时，就要通过"是的……但是……"式说话技巧，来消除他的不安情绪。所以说，异议是永远存在的。只有先弄清异议产生的原因，才能判断客户的异议是真是假，进而与客户进行交涉。

不要与顾客争论价格，要与顾客讨论价值

在销售中，无论遇到什么样的拒绝都没有新意。只要销售员平时对自己的销售经历进行认真仔细的总结，事先想好应对的措施，那么，在遇到潜在客户说"不"时，都会从容面对。

事实上，遭到客户拒绝不是失败，而是成功的一部分。正如博恩·崔西所言：成功的销售所遇到的拒绝要比失败的销售所遇到的拒绝多出两倍。

比如，顾客常拿"太贵了"来拒绝。

当遇到这种借口时，著名销售员乔·吉拉德会先做一些试探，借机了解真相。

如果他说的是实话，那你就可以介绍一些别的价格低一点的产品。如果仅仅是想砍价的话，则可以把价格分解开来计算。例如，一辆标价为 24000 美元的车，按月算的话，每月只需 2000 美元；按天计价的话，只有 60 美元多点儿。当你说每天只需付 60 多美元时，客户接受起来就容易多了。

"我们商量商量。"

"如果客户对我说他得回家和太太商量商量。"乔·吉拉德说，"我会说：'那我们先看看订单。来，请在这儿签个名，我需要 100 块作为定金。'如果他是那种大丈夫类型的人，我会补充说：'像您这样能够独立做主的人真是不多见，现在很多的男人都是让太太决定一切。'"

如果客户坚持要先跟太太商量一下的话，乔·吉拉德就会说："好吧，不过，咱们先把订单签了，然后您回家给太太讲一下，要是她反对的话，您可以把定金拿回去。"在大多数情况下，这种交易都能顺利成交。避免这种借口最好的办法就是搞清楚谁是真正的决策人或者鼓动在场的人自己做主。

客户喜欢以"没钱""买不起""没预算"来拒绝销售员的推销，因为客户知道销售员永远无法证明客户说的是真的还是假的。正因为如此，你碰到这个异议时更不应该有受挫的感觉，你可大胆地运用一些异议处理的技巧突破这项异议，继续进行你的推销步骤。

用"没钱"当作异议的客户分两种，一为真正的没钱，另一种则是推托之辞。

若客户连续多次都以没钱为理由而令你无法进行推销时，恐怕此时你必须另觅它法，因为客户可能是真的没有能力负担得起你提供给他的产品及服务。

若客户是推托之辞时，你可让客户了解你的产品或服务能够带给他的价值，找出客户能负担的底线，在这个指导下开展你的销售工作。

把折扣权限"藏起来"

对于商家来说，不随意打折也是一种"节操"。

顶尖销售即使有一定的折扣权限，也不会轻易展示给客户，要把它们当作压箱宝贝锁起来。

这是因为，人总有一种害怕"买亏了"的心理。如果你轻易展示自己有打折的权力，顾客会觉得，如果能再砍砍价，还会有一些降价空间。

你有时候会遇到一位很有购买诚意的客户，但他坚决要求打折。这个时候，顶尖销售会礼貌地请求顾客允许自己离开，去向经理请示降价事宜。

就算经理批准了降价请求，顶尖销售也一定会让顾客明白，自己并不是经常这么做。

对于一个以砍价为乐事的客户来说，可能会对你提供的部分折扣仍不满意。这个时候，你可以询问顾客将采用哪种付款方式，这样等于给对方得寸进尺的机会，和自己的进一步妥协都留了一个"台阶"下。你可以此为由头，再次向经理请求打折。在此情况下，这桩买卖基本就成交了。

你向经理请示获得折扣后，要向顾客表示祝贺，让他觉得自己争取到的是一个难得的优惠，也让顾客感受到，这个"成功"是好不容易才得到的。

拒绝中隐含着机会

如果你想知道客户真正的需求点，每被拒绝一次，你就离正确答案更进一步了。正如爱迪生通过不断试错找到正确方法一样，拒绝其实也是一种排除法。

有一次，著名销售员戴夫·多索尔森打电话给一位客户，想约他出来见面。

"对不起，我没时间！"客户一口回绝。

"我理解！您的工作很忙！不过，只需要3分钟，就3分钟，我保证您会觉得这是个值得考虑一下的事情。"

"我现在确实没空！"

"没关系，先生，那您定个日子，选个您方便的时间！我星期一和星期二都会在贵公司附近的，可以在星期一上午或星期二下午来拜访一下您！"

"我确实没兴趣。"

"这个我能理解，因为您还没有看到资料，不了解这是件什么样的事情，您当然不可能立刻产生兴趣，有疑惑是自然的，还是让我把资料给您送过去，顺便解说一下吧！您看星期几合适呢？星期一或星期二我去拜访您，可以吗？"

"好吧！不过我想你可能会白跑一趟，因为我没有钱。"

"那我这个项目非常适合您。它可以让您用最少的资金获取最大的利润。在这方面，我愿意为您提供信息，竭力帮助您，我哪天造访比较好？"

"那就星期二吧！"

就这样，戴夫·多索尔森获得了与客户面谈的机会并最终顺利签了单。

事后，戴夫·多索尔森做了总结：客户从"没时间"到"没兴趣"再到"没钱"的一连串拒绝，主要是因为自己最初没有找到让客户真正感兴趣的话题而已。其实，每一个人都会对那些能给自己带来财富的人或事感兴趣。找到了客户的兴趣点，就有了成交的可能。

扭转客户态度的小技巧

· 通过讲笑话、讲故事或一个表情动作，让对方笑起来。

· 赞美对方的外貌、穿着或性格，一定要真诚。

· 谈谈你们共同认识的人，但切忌东拉西扯。

· 谈谈你们共同感兴趣的话题，比如工作、爱好。

· 找出他们对你的产品或服务的看法。

· 问他们一个问题，然后仔细聆听他们的回答。

· 送给他们一份礼物，但是不要让他们觉得一旦接受了礼物就必须购买你的产品。

你永远不可能靠辩论赢得顾客

潘恩人寿保险公司在销售员管理规定中有一条就是：

"不要争论，让客户把心中的牢骚话说完。"

销售失败的第一定律是：与客户一争高下。

人是一种奇怪的动物，无论多大的怒气，一旦发泄完毕之后，多半会自动消解。

如果顾客在气头上，你偏偏去和顾客去争议，那就好比触碰了顾客的"逆鳞"。

中国古代有所谓"逆鳞"一语。即使再驯良的龙，也不可掉以轻心。龙全身覆鳞，在龙的喉部之下约一尺的部位，这个部位的鳞片非常特别。这个部位的鳞片都相反生长，如果不小心触摸到一片"逆鳞"的人，必会激怒巨龙，而被其所杀。

其他的部位任你如何抚摸或揉打都没关系，只有这一片逆鳞无论如何也接近不得，即使轻轻抚摸一下也犯了大忌。

在日本，有很多进行售后服务的企业，都配有平息顾客愤怒的专员。

这些人大多是忠厚和善的中年人。

他们善于倾听顾客的不满，化解顾客的愤怒情绪。

所以说，学说话需要三年，学会倾听则需要一生。会倾听，是一种修养。

千万不要与顾客一争高下。

曾有一家通信公司，请专家来指导自己公司的售后客服不佳的问题。专家发现，症结在于客服人员对客户抱怨应对的态度。

比如，客户投诉话费高得离谱，客服往往回答：一切话费都是经过计算机处理的，不会有错，会不会是家里孩子乱打长途电话引起的。

这等于把责任推给了客户，对于正在气头上的客户来说，无异于火上浇油。

其实，正确的客服方法是，认真听客户把话说完，然后说："好吧，我一定仔细地重新核实。"

根据这种情况，专家建议服务员以后凡遇到用户来查询，最好先认真听他把问题讲完，然后说："好吧，我一定仔细地重新核实。"等过了一段时间，再与对方商谈。这时，由于用户已把自己想讲的话全部讲完，且又过了一些日子，其火气已大半平息的缘故，所以能客观冷静地讨论问题的原因，这样，事情就好办多了。实践证明，这方法极为有效。

在与客户交涉时，应该循序渐进地让顾客对自己"敞开心扉"，获得顾客的信赖。

在去电视台工作之前，戴夫·多索尔森曾向一个汽车经销商推销一个电台的广告。

没想到他的话还没有说完，这位汽车经销商就不耐烦地说："我从来不听电台的广播，尤其讨厌你们的电台，我想别人也不会爱听的，你别在我这儿浪费时间了。"

戴夫·多索尔森并没有泄气，在此之前他就对电台的收听率做了统计，他知道收听的人非常多，于是他就拿出数据说："先生，你错了，我们电台的收听率是非常高的。也许你不喜欢听，可是你的客户中会有很多人爱听的，如果你在我们电台做了广告，就有可能使听广播的人都成为你的客户。""你不要再骗我了，天知道你们是怎么搞出这些数据的！"

"先生，请你相信我，在听众中一定会有你的潜在客户的。""我不喜欢听，我的潜在客户也不会喜欢听。"这个经销商的逻辑的确很荒唐，但多索尔森没跟他计较，他灵机一动，问这位经销商："先生，你是怎么知道我们的广播节目没有人听的呢？"

"这还用问吗？你们的热线电话总是那几个声音相同的人

打进来的，这些人一定是你们电台花钱雇的。因为你们没有听
众，所以不得不花钱雇人打电话。"这几句话让这位经销商露
出了破绽。

戴夫·多索尔森心里想："如果你从来没有听过我们电台
的广播，你怎么会知道这些呢？"

于是他继续不露声色地问："哦，这个情况我还不知道呢，
挺有趣的，你还知道些别的什么事情吗？"

这位经销商打开了话匣子，滔滔不绝地说："好吧，我就
跟你说一说吧！你们有一个广告实在让我无法忍受，那个广告
叫什么来着？对，叫作 Quick Eddy 的快餐广告，有这么一
个广告吧？"

"是的。"戴夫·多索尔森忍不住笑。"那个广告简直
太讨厌了，不论早晚，只要我打开收音机就能听到，真烦
人。""还有，"他接着说道，"你们还有个叫汤姆·白瑞的主
持人，我非常讨厌他；还有一个叫玛丽姐姐的小姑娘主持的节
目，她的声音简直让我无法忍受，像一只小公鸡一样……"

"那么，你是经常收听我们的节目了？"

"是的，我……"那位经销商这才意识到自己说错了话，
结果不用说，戴夫·多索尔森很快就谈成了这笔生意。

上面这个案例告诉我们与顾客建立起"无话不谈"的关
系才是重中之重。如果能够养成认真倾听的习惯，就能锻炼自
己各方面的"提案能力"。不仅如此，如果把从顾客那里获得

的意见或建议告诉公司的企划部门，还能为商品的设计制造建言献策。

异议处理的应对预案：

·把大家每天遇到的客户异议写下来。

·进行分类统计，依照异议出现的次数多少排列出顺序。

·以集体讨论方式编制适当的应答语，并编写整理成文章。

·大家都要记熟。

·由老推销人员扮演客户，大家轮流练习标准应答语。

·对练习过程中发现的不足，通过讨论进行修改和提高。

·对修改过的应答语进行再练习，并最后定稿备用。

应对异议要拿出必要的诚意

有一位商务客在搭乘飞机时，在他的沙拉里发现了一只蟑螂。他在到达酒店的当天晚上，就立即写了一封充满愤怒语气的信，向航空公司投诉。当他结束商业旅行时，航空公司的回函已经送到他的办公室。

这封信是这样写着："亲爱的先生：您的来函带给我们极大的关切，我们以前从未收到过这样的抱怨，而我们发誓在我们的权责范围内，将避免让此种事件重演。您也许想知道，为您提供服务的服务员已被训诫，而整架飞机也已消毒。您所关心之事并未被忽视。"

不用说，这名旅客对航空公司处理的方式印象深刻，但可气的是，他注意到此信件的背后有一张粘上去的小字条，是办公室使用的记事小条子，上面写着："寄一封'蟑螂信'给这家伙。"

客户期待他们的抱怨能够得到真诚且及时的回应。任何轻率、虚情假意、漠不关心的态度，只会火上浇油而已。处理异议需掌握以下指导原则：

· 分享感受。

· 澄清异议。

· 提出方案。

· 要求行动。

以下是处理客户抱怨和异议的错误方式，请在销售中尽量避免：

· **轻诺寡信**　满口承诺解决问题，最终却一直没做到，客户会认为"你们说话不算话"。

· **鸵鸟政策**　在面对客户的异议不加理会，采取逃避的办法应对，这种鸵鸟政策会让顾客愤怒。

· **一争高下**　面对客户的抱怨和异议，粗鲁地与客户一争高下，最后客户只会更加愤怒。

· **逃避责任**　不管客户是对产品有意见，还是对服务有意见，都不能采取逃避责任的态度，不能说："这不是我的责任，我很愿意帮你，但这事不归我管。"

·流露出不耐烦的情绪　在听客户陈述时没有认真倾听，而是不时地皱眉头，东张西望，看手表等举动，虽然没有说自己很不耐烦，但是所传递的信息再明显不过了。

·只有道歉，没有进一步行动　面对客户的异议，只说道歉，但是却没有任何解释和弥补行动，是不能解决问题的。

·推卸责任　"你一定弄错了""你应该早一点说，现在已经没有办法了"，错误归咎到客户身上，只能火上浇油。

第 20 章 服务法则

——成交仅仅是销售的第一阶段

如果你能让客户觉得他很重要，他们甚至会重新选择。

——乔·吉拉德

销售不是一锤子买卖。

成交之后，客户的戒备心理就放下了，此时，你就不再被认为是一名销售，而只是一个普通人。因此，比销售中的赞美更重要的，是销售后的服务。成交后继续表现出对顾客的关心，会更加令客户感动，并长久地吸引客户。

以"跟踪追击"挽留老客户

顶尖销售都明白：拥有一个忠诚的老客户比开发两个新客户有用得多。在一个顶尖销售眼里，成交绝不是一锤子买卖，成交是日后多次成交的序幕。

推荐，对销售员来说不仅仅是最好的赞赏，也是最廉价却最有效地赢得新客户的方式。

在美国，有一位名叫安迪的乐器店销售员，他把售后跟踪做到了极致。

他有一个笔记本记录了每一位买过他钢琴的顾客。

最关键之处在于，他还详细地追踪新顾客是受哪一位老顾客的引荐而来的。他会把成交后的利润一部分，以支票的形式寄给作为推荐人的老顾客。

安迪有一位老客户收到了支票，打电话问他怎么回事。安迪解释说："四年前你向你的一位朋友推荐了我，现在他终于买了。"

这种惊喜与感动不言而喻。

这种跟踪追击法，能给老客户带来极大的触动，对挽留老客户非常有效。

很多销售员都认为成交是推销的结局，以为成交了就万事大吉了。其实不是这样的，成交仅仅是销售的第一阶段。

售后的"跟踪追击"，让销售成了一种温暖的社交行为。客户有了真正的感动，就会真正来帮你，给你介绍新的顾客。你送走一位满意的客户，他会到处替你宣传，帮助你招徕更多的客户。

正如著名销售员乔·吉拉德所言：一个满意的顾客会给你带来 250 个潜在顾客，一个不满意的顾客会给你制造 250

个潜在敌人。你对老客户在服务方面的怠慢正是竞争对手的可乘之机。

1928 年，乔·吉拉德出生于美国密歇根州底特律市，是美国著名的销售员，他从 1963 年至 1978 年总共推销出 13001 辆雪佛兰汽车，是世界上最伟大的销售员，连续 12 年荣登吉尼斯世界纪录大全世界销售第一的宝座。他所保持的世界汽车销售纪录——连续 12 年平均每天销售 6 辆车，至今无人能破。乔·吉拉德的成功，与他善于维护老客户密不可分。

我们再来看看美国汽车推销大王汉斯是怎样做的吧！

推销成功之后，汉斯需要做的事情就是，把那些客户及其与买车子有关的一切情报，全部都记进卡片里面，同时，他对买过车子的人寄出一张感谢卡。他认为这是理所当然的事，虽然很多销售员并没有这样做。所以，汉斯对买主寄出的感谢卡，令客户印象特别深刻。

不仅如此，汉斯在成交后仍然和客户保持联系，他对客户说："如果新车子出了问题，请立刻通知我，我会马上赶到，我会让人把修理工作做好，直到您对车子的每一个小地方都觉得特别满意。这是我的工作。如果您仍觉得有问题，我的责任就是要和您站在一边，确保您的车子能够正常运行。我会帮助您要求进一步的维护和修理，我会同您共同战斗，一起去对付那些汽车修理技工，一起去对付汽车经销商，一起去对付汽车制造商。无论何时何地，我总是和您站在一起，同呼吸、共命运。"

　　汉斯将客户当作是长期的投资，绝不会卖一部车子之后即置客户于不顾。他本着来日方长、后会有期的信念，希望他日客户为他介绍亲朋好友来车行买车，卖车之后，总希望让客户感到买到了一部好车子，而且能永生不忘。这样的话客户的亲戚朋友想买车时，第一个便会考虑到找他，这就是他推销的目标。

　　车子卖给客户后，如果客户没有任何联系，他就试着不断地与那位客户接触。打电话给老客户时，开门见山便问"您以前买的车子情况怎么样？"有时白天电话打到客户家里，接电话的是客人的太太，她们大多会回答"车子情况很好"。他再问"有任何问题没有？"顺便提醒对方，在保修期内有必要将车子仔细检查一遍，并重申在这期间检修是免费的。

　　他也常常对客户的太太说"就算是车子振动太大或有其他什么问题的话，请送到这儿来修理，麻烦您也提醒您先生一下。"

　　汉斯说："我不希望只推销给他这一辆车子，我特别珍惜我的客户，希望他以后所买的每一辆车子都是由我推销出去的。"

服务是再次销售的良机

服务其实是销售工作的延续。

假设你是一名奢侈品名表的销售，有位几年前的老顾客来这里找你，说他的表坏了，需要返修。这个时候，你的工作不仅仅是填写维修单，还存在着一个新的销售机会。因为顾客在修表期间，手腕需要一块新的手表做替代，这个时候，其实隐藏着一个绝佳的销售机会。等到顾客的表修好，你再向顾客推荐新品，效果将会大打折扣。

乔·吉拉德说，每当他卖出一辆汽车以后，他至少要做三件事：服务，服务，还是服务。他说："我相信销售活动真正的开始在成交之后，而不是之前。销售是一个连续的过程，成交之后仍要继续销售，成交既是本次销售活动的结束，又是下次销售活动的开始。"

在卖车时，乔·吉拉德会给客户承诺："我决不会对这辆车置之不理。无论你何时何地需要我，我都会给你的车提供超乎想象的服务。"实际上，他也是这样做的。

所以人们常常会说："乔，我来你这儿前已经转过好几家店了，我以前也买过你的货，但是我还是愿意到你这儿买东西，因为有一样东西别人无法提供给我，那就是你，乔。"

那么，乔·吉拉德是如何关照他的每一位客户的呢？

乔·吉拉德给每一位客户都建立了健全的档案，在档案中记录有客户的姓名、年龄、出生日期、相关爱好、收入水

平、购车日期甚至其他生活需求等相关信息，只要调出客户的
档案，即可立即获得此客户的所有情况，也相当于乔·吉拉德
本人记住了每一位客户。他每个月都会根据客户的档案，分别
给他的一万多名客户寄去一张贺卡。

　　凡是在乔·吉拉德那里买了汽车的人，都能收到乔·吉
拉德的贺卡，也就记住了乔·吉拉德。正因为乔·吉拉德没有
忘记自己的客户，客户也就不会忘记乔·吉拉德，甚至因为业
务上的往来，好多客户和乔·吉拉德成为了真正的朋友。

让新客户变成回头客

　　著名的销售培训师汤姆·霍普金斯每天都会寄出 10 封给
客户的感谢函。他说："我每寄出 100 封感谢函时，就能做成
10 笔生意，也就是说，每 100 名潜在客户在感激的情况下就
会有 10 位成为你的忠诚客户。"

　　著名的保险销售员布鲁斯·伊瑟顿，每周五都会填满下
周行事历，持续 30 年；另一位著名的保险销售员梅第·法克
沙戴，每天早上 7 点开始工作，连续 56 年不懈。

　　他们的勤奋、友善和热情，最终赢来了更多人的感激，
也就有了源源不断的客流。

　　所以，销售是一个持续的过程，只有起点，没有终点。
成交并非是推销活动的结束，而是下次推销活动的开始。

　　要明白，买卖关系也是一种关系。如果善于培养这种关

系，它也会发展成一种温暖的关系。所以，顶尖销售从来不会问客户"买什么"，而是只会问他们"需要什么帮助"。

顶尖销售不但善于创造出更多的新客户，也善于确保老客户不流失。这样才能与更多的客户建立联结。

确保老客户不流失，则取决于成交后的行为。顶尖销售不仅善于成交，而且善于与客户建立关系。

他们会记住客户的名字、容貌、宠物名字以及重要日期。他们愿意花时间与客户相处，周期性地与客户互动。

如有可能，他们会在每次成交之后及时给客户发出一封感谢信，向客户确认收货日期并感谢他的订货。

在客户购买产品之前，你要给客户提供一种满意的服务；在你卖给客户产品之后，你还得继续为客户服务。这有助于销售员与客户建立长期的联结。

· 善用微信等社交工具。

· 发送带有客户个性称谓的消息。

· 群发、分类发送，重要短信亲自编送，转发短信要改写。

· 真心地关怀顾客。个性化、生动化，让客户一次性就记住你。

· 询问客户产品的使用体验。

· 在客户生日时，寄出一张生日贺卡。

· 当产品功能升级时，及时通知客户。

·在产品保修期满之前通知客户带着产品做最后一次检查。

激活你的"失联"客户

与继续维持客户关系相对的，是老客户的流失，或者可以称之为"损耗"。对于普通销售来说，恐怕连自己实际的客户损耗率是多少都不知道。

美国有一位知名演说家名叫乔治，他和太太每个周末都去参加一位营养师主办的活动，他们都很喜欢这个活动。有一次因亲戚来访，他们连续三个周末没有去，后来他们就再也没去过了。其实乔治夫妇想再去，只是怕营养师问及他们为什么连续三个周末没有去，但是如果营养师主动和他们联络，不管她是亲自登门拜访还是打电话，甚至只留一句话，乔治说他们都会马上回去。

遗忘是人类的一种本能。所谓"眼不见，心不念"，你的客户之间的互动中止很长一段时间后，不管你有多棒，不管你提供了多么好的产品或服务，你依然会被遗忘，他们也就变成了失去联络的客户。

因此，增加客户有一个最简单有效的办法，就是扭转乾坤，激活失联客户。著名销售员杰·亚伯拉罕指出，对于大多数销售员而言，往往都会忽略一个最简单地增加客户的办法——将已经停止活动的客户重新启动，马上就可以增加客户的人数。

当你和这些失联客户接触时，一定要先了解情况，再采取措施。由于有许多客户并不是故意要停止和你做生意，他们很快就会再向你们购买东西，并且推介其他客户。

著名的汽车销售员乔·吉拉德总希望客户们在成交之后不要忘了他，所以他制订了一项写信计划。曾有人开玩笑说："当你从乔手中买下一辆汽车后，你必须要出国才有可能'摆脱'他。"

乔·吉拉德每个月都要给他的所有客户寄出一封信，这些信都装在普通信封里，信封的颜色和大小经常变化，这样就没有人知道里面是什么内容。乔还留心不让这些信看起来像邮寄广告宣传品，以避免还未拆开就被客户扔进垃圾袋里。

他还会随信附上一张卡片，卡片的表面一律写上"我爱你"，但是在卡片的里面，每月都换新的内容。他从来不在每月的 1 日和 15 日发出这些信，因为这两天正是大多数人需要缴纳各种日常费用的日子，而他希望他的客户收到信时能有一种好心情。

乔·吉拉德每年都以愉悦的方式，让他的名字在客户家中出现 12 次。在他的推销生涯后期，每月要寄出 14000 张卡片，也就是说每年要寄出 168000 张卡片。这些信件极大地保证了乔每年所有交易的 65% 都来自那些老客户的再度合作。

对于那些长期失联的客户，为了弥补你以前的被动，你必须提供一些"欢迎重回怀抱"的特殊奖品或补偿。

对于那些因发生不愉快事情而情绪不满的、失去联络的客户，要对症下药，不管是什么原因，是谁的责任，重要的是要化解矛盾，消除隔阂。例如，免费提供一些特别的服务或产品，对以后可能的交易提供很好的条件。

最后，当你和失联客户重新联络时，不要因为没有利用价值而不顾，要对他们过去的光顾及忠诚表示感激，最后再礼貌地向他们推介自己的服务或产品。如果你是真心表达你的感激之情，他们会乐于接受。

不管你从事的是哪一行生意，都会有一定程度的客户损耗，但是你可以想办法尽量将这种损失降至最低。

杰·亚伯拉罕算过一笔账：如果你一年损失两成客户，你必须很努力地增加三成的客户，才能有一成的业绩成长。如果你能将失联的客户重新找回，或者想办法留住他们，那么，即使你停止招揽新客户，生意量依然会增加。如果你是从一千名客户起家，每一年都要流失两成的客户，等于每年流失两百名客户，如果将损耗率折半，等于每年增加一百名新客户。在十年中，光靠着将损耗率减半，你的客户基础就会加倍增长。这是值得好好思考的想法。什么都别做，只要减少一半的损耗率，每十年你就可以让你的业绩增长一倍。

接下来可能有五至六成的失联客户会在很短的时间内，重新光顾你的生意，而他们一旦重新向你购买，他们就很可能会变成最忠诚，及带来最多利润的客户。

所以，你首先是找出所有失联客户，并且和他们进行接触，如果你有时间，而时机也对，你最好亲自拜访。如果现实不允许，你可以用电话、短信或电子邮件进行接触。

销售员在成交之后继续关心客户，既能赢得老客户，又能吸引新客户。

短信跟单的要点

· 善用智能手机、公司建立的计算机短信平台等；

· 群发信息时，要分类发送；重点客户要亲自编送短信；

· 要因时因地因人，有针对性地发，特殊日子提前一天发；

· 个性化、生动化、差异化，让客户一次性就记住你；

· 感性地写、理性地发，新客户24小时内发信息；

· 祝福类、激励类、售后类短信多准备一些，转发短信要有所改写。

第 21 章 效能法则

——顶尖销售的时间管理与心态建设

取得伟大成就的人，如拿破仑、达·芬奇和莫扎特等人一向善于自我管理，这在很大程度上促成了他们的伟大成就。

——彼得·德鲁克

销售工作是思想、意志、执行力的综合竞赛。顶尖销售都有一颗好胜心，比如董明珠和雷军的赌约，并不是偶然的，而是她的好胜心所决定的。你只有把自己的效能发挥到最佳，才能在举证中胜出，成为顶尖销售。

销售需要意志力

销售员有时候和运动员很相似，同样要面对"胜率"问题，面对挫败的压力，要有良好的心理素质，不沮丧，不被摧毁。

销售员在推荐商品时，面对"不需要""没预算""不喜欢""太贵"的拒绝乃是常态。

没有良好的心态重建技巧，很容易变得沮丧。销售员也是人，很难要求你长时间暴露在被客户拒绝的环境中仍维持良好的意志力，但是你的意志力必须支持自己完成"最低的目标"。

什么是"最低的目标"呢？最低目标是指销售员要能达成三成以上的业绩是由你的客户介绍而来的，那么到底你要花多长的时间才能达到这个目标呢？

行业不同，但是任何行业都是一样，你握有的客户数愈多，你的推销工作就越顺利。

想要成为顶尖销售，首先是意志力的考验。不管多么艰辛，你一定要有坚定的信念，达成这里所指的最低目标。其次是确保你的每日工作计划的执行效果。你每天已计划要约见多少客户，打多少回访电话，给多少客户写短信等，都要务必完成，绝不自己替自己找理由拖延。如果每天计划都落空，那意味着成为顶尖销售的目标变得遥不可及。

柯维的《高效能人士的七种习惯》被奉为效能管理的经典。在书中，柯维把七大习惯分为三个渐进的过程：自我完善→社会事业的成功→自主创新。

自我完善阶段包括三大习惯，即：

·自动自发。这是自我观察、自我定位的原则。

·以终为始，也就是牢记目标，这是自我领导、自我规则的原则。

·要事第一。这是自我管理，统筹安排的原则。

社会事业的成功阶段包括三大习惯，即：

·追求双赢。这是基于人际关系的领导力原则。

·知彼知己。先理解别人，再争取别人的理解，争取达成双赢的局面。

·协同配合。这是创造性合作的原则。

最后一个习惯，即：

·不断更新。这是均衡的自我更新原则。

这个不断更新是指更新你的本性的四个方面：身体、精神、智力和社交。

这七个习惯，都是老生常谈的话题，只是知易行难。

你的时间非常有限

请用一秒钟时间回答：一天有多少分钟？

如果你无法像回答一天有多少小时一样的速度回答这个问题，那么说明你还没有经过最严苛的时间管理训练。

顶尖销售都非常清楚：一天有 1440 分钟，24 个小时。对时间管理的最佳单位不是"小时"，那显得太奢侈了，也不是分钟，那样就太破碎了，无法进入状态，而是"刻钟"，也就是 15 分钟。即使你每天的有效工作时间是 8 个小时，其实你也仅仅只有 32 个刻钟。因此，做事情必须分轻重缓急。

美国名将艾森豪威尔的上升速度堪比火箭。1940 年，他还仅仅是个上校，1944 年他已经晋升为五星上将。

艾森豪威尔曾说：最紧迫的决策通常都不是最重要的。他曾经创造了一种矩阵时间管理法，又叫作十字法则。

■艾森豪威尔矩阵

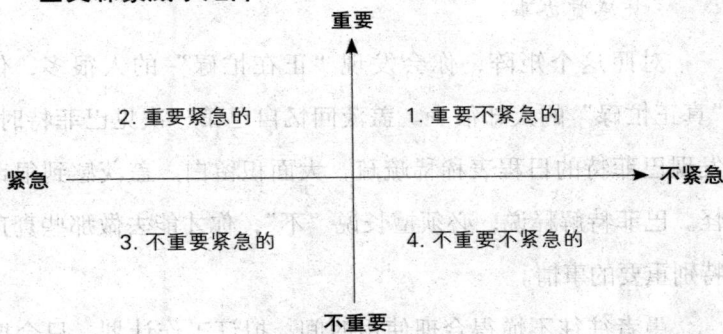

```
                        重要
                         ↑
                         |
      2. 重要紧急的       |      1. 重要不紧急的
                         |
紧急 ————————————————————+————————————————————→ 不紧急
                         |
      3. 不重要紧急的     |      4. 不重要不紧急的
                         |
                         |
                        不重要
```

画一个十字，或者四宫格，分成四个象限，分别是：重要紧急的、重要不紧急的、不重要紧急的、不重要不紧急的。

把自己所要做事情的清单分类放进去，优先做最重要紧急那一象限中的事。

这个时间管理法，也深受管理学大师彼得·德鲁克所肯定。那些造成时间浪费、节奏被打乱的事项包括：

·冗长的会议。

·不速之客的闯入。

·骚扰电话的干扰。

·经常加班加点。

·穷于应付突发事件。

·上班漫谈、聊天。

·无法授权，事必躬亲。

·完美主义倾向。

·不考虑轻重缓急。

·凭感觉办事。

对照这个矩阵，你会发现"正在忙碌"的人很多，但"真正忙碌"的人却很少。盖茨回忆自己第一次见巴菲特时，发现巴菲特的日程表稀稀疏疏，大面积留白。盖茨感到很奇怪。巴菲特解释说，必须擅长说"不"，你才能去做那些真正特别重要的事情。

愚者往往不懂得合理使用时间、拟订工作计划，只会把重要的事情一再拖延，堆积成山。

让自己的工作时间比别人更多

美国有一位顶尖的计算机销售员名叫贝尔，天资并不高，但是，他是以高度的自律实现了工作效能的提升。

贝尔下班回家后，从不喝酒，也不会马上躺下来休息，而是立即像白天一样迅速地工作，直到该上床睡觉的时间为止。但是，工作与生活的平衡也很重要的，贝尔也不断优化自己的日程表，这样既不影响工作也能获得与家人相聚的时间。

比如，当贝尔回到家，一拉开门时，就马上按下计时器，因为他为自己设定的换西装、洗漱以及和小孩子一起玩的时间为 25 分钟，所以就定了闹钟。贝尔一进门，孩子们马上跑过来说："爸爸！你回来了，快和我们一起玩。"贝尔告诉孩子："好！我们一起玩，不过只能玩一会儿的时间。"孩子们已经很习惯，就说："好！只玩 20 分钟。"

贝尔和孩子们玩的时候，会一面看表，一面说："还有 5 钟"，或是"还有 1 分钟"。当时间一到，孩子们就知道看书的时间到了，说声"明天见！"就去看书了。

贝尔也是一个普通人，有时也会想要慢条斯理地吃饭，也会想和孩子们痛痛快快地玩半天，但是如果像一般人那样的工作，就只有一般的收入，会过着贫苦的生活。贝尔认为，顶尖销售，必须一大早就起床工作，白天当然要全力以赴，晚上也要继续工作。

精力、效率、时间、工作、生活，如何在这些要素之间拿捏平衡，是每一个顶尖销售必须不断探索的课题。勤能补拙，贝尔就连休息日也不给自己放假。他用这些日子处理未完成的工作以及准备未来的工作。对贝尔来说，一个月一次休假，就可以让自己恢复元气，重新以饱满的精神投入工作。

另一位著名的销售员汉斯则是把时间利用达到了极致。汉斯是位虔诚的佛教徒，因此每天早上 6 点起床后，一定要向佛像膜拜 15~20 分钟，然后才开始一天繁忙而紧凑的推销工作。

每天早上，盘子里有一些奇怪的食物，那是用海苔包起来的一个一个不大的小饭团。原来汉斯认为吃饭的时间也不可浪费，因此在穿衣时，他的太太就将一个一个的小饭团放在他嘴里。这种小饭团是汉斯为了配合他的时间才发明出来的。

结束了推销工作回到家中，大概已是晚上八点到八点半，接着吃饭、洗澡，继续做未完成的工作，所以直到十一二点才能就寝，然后在睡梦中开始发明他的推销说辞。

汉斯曾认为，推销的成败取决于能否忍耐长时间的工作。汉斯说："我的座右铭是比别人的工作时间多出 2~3 倍。工作时间苦短，即使推销能力强，也会输给工作时间长的人。所以我相信若比别人多花 2~3 倍的工作时间，一定能够获胜。我要靠自己的双脚和时间来赚钱，也就是当别人在玩乐时，我要多利用时间来工作。别人若一天工作 8 小时，我就工作 14 小时。"

尊重你的目标

在阿里巴巴集团的内部，有一个执行力法则，叫作"尊重你的目标"。

目标是不可以乱定的，定低了不行，定高了完不成更不行。既然这个目标定了，就要像一颗钉子一样钉在墙上，必须完成。

比如，在制定销售目标的时候，上个月的最上限应该是这个月的底线，上个月的最高指标应该是这个月的最低指标。

采用这种设定目标的方法，你就会感受到一种持续的进步感，那种喜悦会鼓励你不断改进，持续进步。

艺人刘德华曾被媒体问道："你这么多年可以一直这么努力的源头是什么？"刘德华回答："我觉得是一个习惯，把努力变成一种习惯，就不会有压力。"原来，努力也会成为一种习惯，而习惯会成为自然而然的常态。

当我们把大目标分解成具体的小目标，并分阶段地逐一实现，就可以获得尝到成功的喜悦，形成一种"快速、积极的反馈"，进而有动力去实现下一阶段的目标。分阶段后所获得的每一次小的成功加起来最后就能是成大事之大成功。

几乎所有的体育教练都是切割目标的大师。美国职业橄榄球联赛教练比尔·帕斯尔斯曾带领纽约巨人队夺得两届"超级碗"冠军，他很赞同"即使小小的成功，也能大大地鼓励人们相信自己"的观点。

美国哈佛大学行为学家罗布里提出了"小目标成功学"。他认为，有些人误以为自己能一步登天，所以常做梦会一举成名，一下子成为一个成大事者。

实际上，这是不可能的，原因有两个：一是由于你的能力不够；二是由于成大事必须经过长久的磨炼。

带领追随者实现一个宏大的目标，就要善于将目标切分成一个个小目标，然后各个击破。

第 22 章 成功法则

—— 不断实现自我认知的升级

把我的箭瞄准月亮而只射中一只老鹰，比把我的箭瞄准
老鹰而只射到一块石头不是更好吗？

—— 蓝斯顿

洗脑？这个词实在是太恐怖了！在销售禁语的清单里，
"洗脑"这个词肯定会高居榜首。但是，自我洗脑对销售员本
人来说却至关重要。

所有的顶尖销售都有一个共同特点，那就是善于学习，
善于自我更新，善于自我"洗脑"——对错误的观念进行刷新，
实现自我认知的升级。

设定自己的顶尖销售角色

俄亥俄州大学的乔治·凯利 (George Kelly) 教授认为，

一个人的观点可以在一个相对较短的时间内发生改变。简单地说，你可以变成任意性格的人。比如，害羞的人可能会认为自己很外向，一直有财务问题的人会变得对财务很精明，一个小气的人会变得很大方。

在他的实践中，凯利使用各种策略来帮助人们走向他们想要拥有的性格。他们会长时间盯着镜子里的自己并询问："我看到的这个人和我想成为的那个人有什么不同？"

他们会将自己与熟识的人进行比较，试图寻找自己想要消除或添加在个人形象上的特性，然后，他们会积极地为自己设定全新的身份。有些人选择大变脸，而有些人只做一点改变。

当咨询者完成全新身份设计后，凯利就会让他们进入第二阶段，扮演自己想要成为的那个人。

他们需要扮演整整两周。结果呢？在扮演这一段相对较短的时间里，人们忘记了自己是在扮演。他们开始觉得真实，仿佛这就是他们自己。扮演另一个人使他们更容易改变。

其实，每一个顶尖销售都不是天生的，而是自我开发潜能，自我修炼的结果。当你对自己能够成为顶尖销售深信不疑的时候，你就会离目标越来越近了。

本书内容其实也是对传统销售理念的一次升级，比如说，人们常说"货卖堆山"，摆得越多，卖得越好，但这本书告诉你，"良贾深藏若虚"，要善于把不必要的选项"藏起来"。再如，冲突观念认为"顾客就是上帝"。这本书告诉你：顾客不是上帝，而是朋友。买与卖是一种平等的交换关系，是一枚硬币的两面。销售不是请求顾客破费，而是为顾客提供价值。

不胜任，源自认知的局限

19 世纪中期，蒸汽机驱动的轮船问世的前夜，正是大帆船的黄金时代，几乎每一家航运公司都会存在一两艘"寡妇船"。每当航行出现问题的时候，航运公司并不是对船进行改造，而是撤掉船长，换一个新人。

然而，新来的船长依然会出现"失职"问题，于是又被撤掉。每个新来的船长都不胜任，都在这个职位上"死去"了，这艘船的船长职位就像一个传说中克夫的"黑寡妇"一样。

终于有一天，某个船主醒悟了：这是船的设计出了问题，换再多的船长都没用，再这样下去，他必将有一天会根本没有船长。

根据这个典故，著名管理学家彼得·德鲁克提出，在企业中也存在着类似的"守寡式职位"——在一家企业中，连续多人在某个职位上不胜任。

比如，在一家公司中，设有一个"销售总监"的职位，统管营销、广告、促销等。该公司的第一位销售总监，把业务做得风生水起。然而，当他离职后，连续多个继任者都无法胜任该职位，那么这就很可能是一个"守寡式职位"。

第一位销售总监胜任，只是因为他恰好既懂营销，又懂销售。

按道理说，销售、广告、营销业务本应是一体的，"合并同类项"，归销售总监统筹并无问题。

然而，不同的部门，不同的环节，对销售的认识是割裂的，不兼容的，甚至是互相抵触的。

比如，营销部往往会认为销售部略逊一筹，甚至会认为"营销就是要让推销成为多余"。

正是由于这种理念的冲突，实践中，一些企业会设置一个"营销经理"，同时还设有一个"销售与广告经理"。

销售需要一种"统一场论"

正如马克思所说，商品成交乃是"一次惊险的跳跃"，能否成交，决定了企业的兴衰存亡。

从设计产品的产品经理，到负责营销的广告企划，再到店面终端的销售员，或者登门拜访的业务员，乃至于售后服务的客服代表，都应围绕一个轴心协同工作，那就是"销售"。毫不夸张地说，每一家企业都应统一销售理念，进而实现"全员销售"。

遗憾的是，营销部门与促销部门，品牌商与代理商，大家对销售的理解并不统一。如果能互相理解，协同发力，就能打破"盲人摸象，各执一端"的困境，进而实现销售业绩的快速提升。

扭转这一切，需要一种关于销售的"统一场论"，而这就需要将心理学、产品知识、服务理念融会贯通。

普通销售和顶尖销售的一个重要区别是：前者做销售，因为他们学了这一行；后者做销售，因为他们不仅学了这一行，而且渴望做这一行。

渴望销售意味着，不断为自己寻找新的目标，永不停滞。问题的关键不是你需不需要改变，而是你改变得够不够快。

以其他顶尖销售为师

成为顶尖高手，应是销售的目标。

取法乎上，得乎其中。正如推销大王蓝斯顿所言，不要担心自己的目标定得太高，因为，"把我的箭瞄准月亮而只射中一只老鹰，这比把我的箭瞄准老鹰而只射到一块石头不是更好吗？"

如何成为顶尖销售？销售明星乔·吉拉德的答案很简单：专注！百分之百的绝对专注，这是一位销售员必须要有的心理素质，也是他认为自己能够成为顶尖销售的关键。

销售可以被视为一种哲学，一种随时随地都在进行的常态。把销售变成一种习惯，需要不断的认知升级。

推销大王蓝斯顿说："今天我要使我的价值增加100倍。

我要如何做到这一点呢？首先，我要为这一天、这一周、这一月、这一年和我的一生，定下一个目标。在定下目标以前，我要考虑到过去最好的成就，并使它增多 100 倍。"

正如牛顿所言：我之所以看得远，是因为我站在了巨人的肩膀上。

任何领域的顶级高手，都是善于学习的人，销售也不例外。我们要向一切成功的销售员学习，借鉴他们的销售艺术，并吸收转化为自己的销售风格。

结语

说实话，我从来不相信花几十块钱买本书就能成为"超级业务员"的空头承诺。因为，那也其实是一种推销术。

然而，销售是一种人人都需要的技巧，只是我们每个人使用的频率不一样罢了。从这个意义上讲，人人都是销售员。

销售是综合素质的比拼，是一种长期的修炼。这其中，心理学发挥的作用尤其大。

俗话说："先做朋友，再做生意。"

智能手机的普及，社交媒体的兴起，又把销售还原到它原始的面貌：社交。

昔日的销售规则已经被冲击得七零八落，俨然已是一种"无社交，不销售"的形态。

这也催生了很多新的概念，比如"新零售""社交电商"……未来的商业形态，必然是"虚实融合"的，网购和实体门店会高度融合。人与人的联结，将销售演变为一种温暖的社交活动。

销售与消费的界限也日益模糊，很多人既是消费者，也是销售员。

因此，所谓的"销售洗脑"，乃是指对自我观念的更新。

因此，"销售心理学"必须与时俱进。

想成为一名顶尖销售，你并不需要专门去读个心理学学位，但了解一些与消费者行为有关的基础知识，明白客户为什么会下决心买，或者为什么决定不买，一定会令你的销售工作如虎添翼。

专业销售所面临的挑战，并不比经营一家小公司简单。

销售这门技能，如果能练好了，就好比修炼一种武侠小说中的"小无相功"，练成后做什么都能风生水起。这也能解释为什么人们说"做销售的都是当老板的料"。

撰写本书的过程中，我浏览了大量老派的销售书籍，并根据自己做营销、文案的经验，"毙掉"了大部分陈旧落伍的观念，以客观的态度编写这本销售心理学作品。

所谓"销售洗脑"，就是要洗去旧有的观念，以"空杯"的心态，迎接新媒体、新渠道、新场景的冲击。新时代的销售，不仅是新旧两种观念的对垒，也是"新世界"和"旧世界"日益分裂的过程。

大浪淘沙，不能主动自我更新，难免会被时代所抛弃。

希望这本小册子，能对你有所启发。